La faida di Scampia

La storia del clan Di Lauro e la guerra contro gli Scissionisti
(2° e ultima parte)

SIMONE DI MEO
VITTORIO FALCO

INTRODUZIONE

*Si chiude con questo volume la coppia di testi
dedicata al clan del boss Paolo Di Lauro,
soprannominato Ciruzzo 'o milionario: dopo quello
che ha ripercorso le origini della cosca di Scampia
e i rapporti tra il padrino e i nascenti gruppi della
Nuova famiglia, stavolta la Collana Vita da Cattivi
racconta la faida di Scampia che tra il 2004 e il 2005
ha insanguinato l'area nord della provincia di Napoli
lasciando sull'asfalto oltre 70 morti ammazzati
Le pagine riportano i verbali dei collaboratori di
giustizia che hanno consentito di ricostruire trame
e organigrammi delle organizzazioni criminali confluiti
poi nel procedimento penale 19964/2005 noto anche
come «Inchiesta C3» a cui si rimanda per una più
specifica trattazione della materia*

SDM-VF

SOMMARIO

LA COLLANA VITA DA CATTIVI

IL FIGLIO DEL CAPOCAMORRA
CHE DECIDE AL POSTO DEL PADRE

Per comprendere genesi e sviluppo della faida di Scampia c'è da valutare anzitutto una cosa: e cioè che Di Lauro Paolo in quel frangente non è stato estraneo alle decisioni assunte dal suo gruppo criminale e dai suoi figli. Difatti le indagini volte alla cattura del capo clan hanno accertato che lo stesso dal settembre 2002 al settembre 2005, data in cui è stato arrestato, ha vissuto nella sua roccaforte a Secondigliano protetto dai suoi affiliati.

Orbene anche il figlio Cosimo, resosi latitante a seguito del provvedimento del dicembre 2004, veniva arrestato nel successivo mese di aprile 2005 nella stessa zona del padre; e dunque il dato logistico appare significativo di una chiara possibilità tra i due di confrontarsi durante tutta la faida avendo vissuto nello stesso luogo.

Del pari non risulta che, prima dell'arresto del figlio Cosimo, il Di Lauro Paolo abbia compiuto gesti significativi volti a contrastare le decisioni assunte dai figli, in particolare dal Cosimo, a partire da quella di uccidere ALIBERTI Luigi inteso "Gigino o' luongo" ucciso il 29 settembre 2004, affiliato di spicco che gestiva una ricca piazza di droga in considerazione del fatto che nell'agguato in danno di ALIBERTI sarebbe dovuto morire anche il MARINO Gennaro, altro elemento di spicco da sempre uomo di fiducia vicino al Di Lauro Paolo, come riferito sia dal PIANA Giovanni che dal MISSO Giuseppe. Anzi risulta che il MARINO nonostante il mancato agguato chiese spiegazioni al Di Lauro Paolo, ma questi disse che egli non avrebbe contrastato la decisione presa dal figlio Cosimo che, quindi, condivideva con il padre le decisioni. Proprio questo immobilismo da parte del Di Lauro Paolo, questo volersi nascondere dietro la figura del figlio, venne rimproverato duramente dai suoi affiliati più fedeli, e ne determinò l'allontanamento prima e la cruenta reazione poi, diretta a scalzare il controllo del Cosimo, il quale voleva dare impulso ad una gestione sempre più verticistica e dirigistica del clan secondo la tradizione propria delle organizzazioni piramidali, a differenza di quella gestione orizzontale tipica del Di Lauro Paolo.

Il dato della successione di Cosimo Di Lauro quale causa dei malumori tra le figure apicali del clan Di Lauro e l'immobilismo del padre rispetto alle sue scelte sono consacrati nelle attività tecniche, oggetto del procedimento penale 36593/06/21, proveniente per competenza dall'autorità giudiziaria dell'Aquila.

Procedimento in cui preziose si rivelano ancora una volta le dichiarazioni del collaboratore di giustizia ESPOSITO Pietro, considerate nei provvedimenti del dicembre 2004, che da quelle rese sul punto dai nuovi collaboratori di giustizia che maturavano la loro decisione di collaborare con la giustizia in tempi successivi alla conclusione della faida.

Tali collaboratori sono: DANESE Bruno, affiliato al clan degli scissionisti durante la faida; PAROLISI Andrea, affiliato al clan Di Lauro prima ed agli scissionisti poi;

MISSO Giuseppe, il fratello MISSO Emiliano Zapata, il cugino MAZZA Michelangelo figure apicali del clan MISSO egemone, sino al novembre 2005, nel quartiere della Sanità e legato da una condivisione di affari illeciti sia rispetto al clan Di Lauro che con affiliati al detto gruppo poi transitati nell'alleanza scissionista; PIANA Giovanni elemento di spicco del clan ABBINANTE, i cui componenti, storici affiliati ai Di Lauro che, durante la faida, parteciparono, da protagonisti, all'alleanza scissionista.
Ricordiamo sin d'ora le dichiarazioni del collaboratore ESPOSITO Pietro sul punto.
Questi, negli interrogatori resi in data 26 e 27 novembre 2004, dichiarava: «... omissis ... il P.M. chiede all'Esposito di specificare se è al corrente di quali siano i motivi della scissione intervenuta all'interno del clan. L'Esposito risponde: la scissione si è avuta qualche tempo fa, quando i Di Lauro allontanarono dal clan O' Lello, Biagino, Cesarino, Pierino fratello di O' Lello, ed altri, che si erano presi soldi che non dovevano intascare, ricavati dalla compravendita della droga da loro introdotta dalla Spagna in Italia. Queste persone si unirono tra loro anche insieme agli esponenti del gruppo di MUGNANO, un tempo legati ai Di Lauro. Insieme agli scissionisti si unirono anche i MARANESI, ossia gli esponenti del gruppo insediato nel Rione Monte Rosa e diretto da Papele di Marano ...Quanto ai Di Lauro si dice che essi stiano attuando un ringiovanimento del clan, i cui esponenti devono aver massimo trent'anni A seguito di questa decisione molti affiliati anziani sono stati messi da parte e, per questo motivo, sono passati con gli scissionisti. Esempio di quello che dico è possibile riscontrarlo proprio nella zona del PERRONE, ove i Di Lauro hanno disposto che il capo zona sia Ugo in luogo di suo padre Lucio detto 'capa e' chiuovo' ... Con gli scissionisti ci sono il gruppo di O' Lello, quello

di Papele di Marano, quello di Chiapparello, quello dei McKay, dei Mugnanesi. Non so dire con chi siano schierati i Prestieri. Nulla so dire a proposito di Peppe Caramella. Attualmente i Di Lauro hanno imposto a Melito la presenza di MAIONE Maurizio, che ha preso il posto di una persona arrestata che si dovrebbe chiamare il cinese o o' giapponese. Lei mi rappresenta che si tratta di tale Tonino o' Coreano ed io rispondo che faccio riferimento a questa persona. A Melito prima c'era anche CHIARIELLO, detto o' boxer, che ora sta con gli scissionisti ...» .

I soggetti autori della scissione si identificano: AMATO Raffaele in o' Lello; il fratello AMATO Pietro; PAGANO Cesare, cognato di AMATO Raffaele, in Cesarino; ESPOSITO Biagio in Biagino; ABBINANTE Raffaele, allora detenuto, in "Papele e' Marano"; MARINO Gennaro in "Genny Mekkei"; PARIANTE Rosario in Chiappariello; MIGLIACCIO Giacomo in Giacumino a' femminella e AMORUSO Carmine inteso pappaciello in quelli di Mugnano; RONGA Antonio inteso Tonino o' coreano; CHIARIELLO Salvatore inteso Totore o' boxer.

I KILLER VENUTI DALLA SPAGNA PER UCCIDERE GLI EX AMICI

È appena il caso di ricordare che la denominazione di spagnoli venne data agli autori della scissione in seno al clan Di Lauro perché l'idea maturò in riunioni avvenute proprio in Spagna dove si erano appoggiati AMATO Raffaele, i suoi fratelli Pierino ed Elio, il loro cognato PAGANO Cesare ed ESPOSITO Biagio allorquando si crearono contrasti tra loro ed i vertici del clan Di Lauro. Questo gruppo non perderà mai i contatti con gli altri affliliati scontenti della nuova gestione e rimasti sul territorio campano.

Difatti i soggetti appoggiati in Spagna, raggiungevano il nostro territorio, in maniera riservata, anche nel periodo in cui maturava la scissione e, a loro volta, sono stati raggiunti in Spagna per concordare la strategia da assumere da diversi affiliati quali il MIGLIACCIO Giacomo, il MARINO Gennaro ed altri che portavano loro aggiornamenti sulla situazione nel napoletano.

Del resto il territorio spagnolo, come si vedrà in seguito esaminando partitamene le dichiarazioni dei collaboratori, ha svolto un ruolo strategico per organizzare le forze in campo durante la faida che ha insanguinato la nostra città. E' dal territorio spagnolo, in particolare dalla città di Barcellona e da altre città della Costa del Sol, che AMATO Raffele ha inviato soldi, armi, droga ed anche uomini che hanno fatto parte dei gruppi di fuoco. Difatti tali affiliati da tempo risiedevano anche stabilmente in territorio spagnolo per collaborare l'AMATO nel traffico internazionale di stupefacenti che questi gestiva proprio dall'estero; tale organizzazione decentrata in territorio ispanico consentiva di far giungere sul territorio controllato dal clan Di Lauro tutta la droga necessaria a fornire le piazze di spaccio, oltre che gli altri clan che ne facevano richiesta.

Orbene, questi uomini che avevano nell'AMATO il loro capo sono rientrati su suo ordine nel territorio napoletano proprio per dar man forte ai gruppi di fuoco che si andavano formando nelle fila degli scissionisti.

Il vantaggio di aver utilizzato tali elementi è insito nel fatto che gli stessi, avendo fatto parte della organizzazione operante stabilmente nel territorio spagnolo, non erano conosciuti dagli appartenenti al clan Di Lauro stanziali nel napoletano, e del pari erano poco conosciuti alle forze dell'ordine.

Il ricorso a tale dispositivo ha reso più difficili le indagini volte alla identificazione dei partecipanti ai gruppi di fuoco scissionisti, consentendo agli stessi di agire in maniera più compartimentata rispetto a quelli dell'avverso clan Di Lauro che, difatti, venivano maggiormente colpiti dai provvedimenti del dicembre 2004.

Verranno di seguito riportate le dichiarazione dei collaboratori di giustizia DANESE Bruno, PAROLISI Andrea, MISSO Giuseppe, MAZZA Michelangelo, PIANA Giovanni per quella parte in cui si illustrano le ragioni della faida, ciò al fine di mostrare come sia stata corretta l'interpretazione delle conversazioni esaminate.

i criteri ispiratori dela valutazione delle dichirazioni da parte di questo giudice saranno sempre quelli brevemente enunciati nella parte introduttiva della presente ordinanza.

Sul punto si riportano le dichiarazioni di PIANA Giovanni e di GATTO Pasquale i quali, nel riferire circostanze relative all' omicidio del detto LA MONICA Aniello, individuano il clan confermando le dichiarazioni del vecchio collaboratore RUOCCO detto Capaceccia personaggio di spicco di detto clan oltre che di quello del Di Lauro.

Dal verbale di PIANA Giovanni del 7.2.2007:

"DOMANDA: Conosce circostanze relative ad un omicidio risalente nel tempo la cui vittima si chiamava Aniello LA MONICA e in caso positivo da chi ha conosciuto tali fatti?

RISPOSTA: Si i fatti li ho saputi da ABBINANTE Francesco che è il figlio del capo degli ABBINANTE ossia di ABBINANTE Raffaele detto Papele e Marano attualmente detenuto. Dell'omicidio del LA MONICA se ne parlava nel clan Di Lauro soprattutto quando usciva tale vicenda nel corso dei processi. Per cui fu ABBINANTE Francesco a raccontarmi, per averlo saputo dal padre che il LA MONICA era stato il capo di un gruppo camorristico che operava a Secondigliano negli anni '80 nelle zone poi gestite dal clan Di Lauro. Ossia quella di "miez all'arco", del Monterosa e tutti gli altri territori che poi sarebbero passati al clan Di Lauro. Di questo gruppo del LA MONICA facevano parte come gruppo di fuoco, che aveva agito per la Nuova Famiglia contro la N.C.O., Di Lauro Paolo, ABBINANTE Raffaele, PARIANTE Rosario, PRESTIERI Raffaele ,Mimi SILVESTRI, tale O Muscio. Questi ultimi tre sono stati tutti uccisi.

Il LA MONICA tra questo gruppo di giovani aveva una preferenza per ABBINANTE Raffaele per questo quando Di Lauro e gli altri decisero di uccidere il LA MONICA non lo dissero ad ABBINANTE Raffaele. Questi solo successivamente seppe che ad uccidere il LA MONICA materialmente era stato Mimi SILVESTRI, appoggiato da Di Lauro. Successivamente alla morte del LA MONICA, il gruppo rimase unito e la zone di "mezzo all'arco" fu mantenuta dal Di Lauro mentre ognuno degli altri si prese uno dei quartieri compresi nel territorio gestito originariamente dal clan LA MONICA . Per cui nel quartiere Monterosa e nella 167 erano divisa a metà tra PRESTIERI ed ABBINANTE. A PARIANE fu data il resto di Secondigliano insieme a Di Lauro ed egli spinse poi il suo controllo fino a Bacoli. Anche il RUOCCO Antonio detto o capa cecce faceva parte del gruppo di Aniello LA MONICA, dopo la morte di questi a lui fu data la zona di Mugnano".

Dal verbale di GATTO Pasquale del 16.11.2007 :

"DOMANDA: Ha conosciuto Paolo Di Lauro e se si ci può descrivere le circostanze di tale incontro specificando se il Di Lauro fosse affiliato ad un gruppo camorristico, indicando il periodo di tempo in cui tale conoscenza avveniva.

RISPOSTA: Si. Nel 1981 quando vi era la guerra di camorra tra CUTOLIANI e NUOVA FAMIGLIA io ero affiliato al gruppo di ASTUTO Ciro detto o ribelle, insediato a Foria nella zona tra il borgo e i miracoli. L'ASTUTO era affiliato alla NUOVA FAMIGLIA.

A questo gruppo, oltre a me, erano affiliati: Renato TORSI, Bruno TORSI, CINQUEGRANELLA Renato, ABBATE Alfredo, ESPOSITO Ciro poi arrestato, RESCIGNO Ciro detto Cera grey, MASTELLONE Giuseppe, MORELLI Mario. Quest'ultimo venne affiliato in un periodo successivo al gruppo di ASTUTO Ciro e precisamente in coincidenza con l'omicidio del commissario Antonio AMMATURO avvenuto in Napoli 15.7.1982....omissis.... DOMANDA :In questo

periodo il Di Lauro era affiliato a qualche gruppo criminale? RISPOSTA : Il Di Lauro era il braccio destro del LA MONICA Aniello, questi era a capo di un clan che controllava le zone di Secondigliano innanzitutto quella cosiddetta di Miez al'arco, il Perrone, il Monterosa. DOMANDA: Chi erano gli altri affiliati a questo gruppo? RISPOSTA : Altri affiliati a tali clan erano: ABBINANTE Raffaele detto Papale e Marano, PARIANTE Rosario detto Chiapparello, PRESTIERI Lello, che è stato ucciso insieme a molte altre persone in un agguato cammorristico nei pressi del Monterosa, ancora tale u SICILIANO, tale Mimi SILVESTRO, Ettoruccio, un certo Biagino di cui non conosco il conosco il cognome,. DOMANDA : Sareste in grado di riconoscere in fotografia tutte queste persone?
RISPOSTA: Si. DOMANDA: Il LA MONICA apparteneva alla N.C.O. o alla NUOVA FAMIGLIA? RISPOSTA: Il LA MONICA era affiliato alla Nuova Famiglia ed era in ottimi rapporti con ASTUTO Ciro. DOMANDA : Avete commesso reati assieme agli affiliati al gruppo LA MONICA? RISPOSTA: Si, avendo partecipato all'omicidio di FRATTINI Giacomo inteso BAMBULELLA....omissis....DOMANDA : Lei sa riferire di particolari relativi all'omicidio di LA MONICA Aniello? RISPOSTA: Si, posso riferire particolari avendoli appresi da ASTUTO Ciro e CINQUEGRANELLA Renato. Quando avvenne l'omicidio del LA MONICA la guerra con la N.C.O. era ancora in corso. Infatti egli era critico nei confronti dei suoi affiliati perché a suo dire non erano molto attenti. Il gruppo del LA MONICA firmava le sue azioni e si faceva chiamare "gruppo giustizieri campani". Quindi LA MONICA che aveva un controllo morboso sui suoi affiliati riteneva doveroso dargli una lezione per insegnare loro che durante una faida si doveva essere più riservati. Quindi mentre disse che si trovava a Milano

organizzò un finto agguato proprio nei confronti dei suoi affiliati proprio in mezzo all'arco. Ora nel corso di questo presunto finto agguato venne ferito uno dei suoi affiliati. Nel senso che gli assalitori usarono delle armi. Per cui le vittime dell'agguato subito dopo contattarono il LA MONICA e gli comunicarono quanto avvenuto. Questi disse loro che se si fosse trattato di Cutoliani questi li avrebbe uccisi tutti quanti e comunicava loro che invece era stato lui artefice di tale evento al fine di mostrarli come il loro comportamento era davvero superficiale. Nonostante queste fossero le sue intenzioni i suoi ossia Di Lauro, PARIANTE, PRESTIERI, ABBINANTE, non apprezzarono l'avvertimento e decisero di decretare la morte del LA MONICA. Il LA MONICA avendo compreso che qualcosa non andava bene stava particolarmente ritirato ma il Di Lauro riuscii ad individuare come poterlo colpire infatti verificò che, nell' uscire dal suo palazzo, il LA MONICA doveva necessariamente passare per il cortile quindi il Di Lauro si posizionò in un palazzo accanto diviso da quello del LA MONICA da una cancellata. Proprio dalla cancella lo appostò e quando il LA MONICA passò lo colpì con una sventagliata di mitraglietta. Non so se parteciparono altre persone al detto agguato. DOMANDA: Dopo l'omicidio del LA MONICA chi prese il comando del gruppo? RISPOSTA: Il Di Lauro Paolo divenne il capo del clan. Il suo gruppo a quel tempo faceva le rapine ai TIR.".
Il collaboratore GATTO nel successivo verbale del 20.11.2007 ha riconosciuto tutti i soggetti da lui indicati nel corso del verbale di interrogatorio del 16.11.2007. Egli ha confermato, avendolo vissuto, quanto riferito de relato dal PIANA che pure lo aveva saputo da fonte qualificatissima ossia da ABBINANTE Francesco, nipote del Raffaele.
Quindi è chiaro che i soggetti che hanno costituito il clan

Di Lauro sono, oltre al Di Lauro, PARIANTE, ABBINANTE e PRESTIERI, come sancito anche nella sentenza della IV sezione del Tribunale dei Napoli richiamata alla nota n. 2 della presente richiesta.
Di questi soggetti solo i fratelli PRESTIERI ed i loro affiliati resteranno, durante la faida, fedeli ai Di Lauro.

LA VITTIMA DECAPITATA
PER VENDICARE GELSOMINA

Di seguito si riportano i passi significativi di diversi verbali dei collaboratori che delineano in maniera convergente le ragioni della faida ed i motivi sottesi avendoli vissuti in prima persona e, come per il PIANA Giovanni, avendo appreso del nuovo corso del clan Di Lauro dalla viva voce del Cosimo Di Lauro o, come gli latri, dalla viva voce di altri protagonisti di questa sanguinosa vicenda.

Il DANESE Bruno nel corso del verbale di interrogatorio del 13 febbraio 2006 dichiarava sul punto quanto segue:

"...DOMANDA: Riferisca quanto è a sua conoscenza in ordine alla faida di Scampia in ragione della sua affiliazione al cosiddetto gruppo degli scissionisti:

RISPOSTA: Sono entrato a far parte degli scissionisti nel novembre 2004, mi ha inserito nel clan Salvatore CIPOLLETTA in quanto io ho iniziato a lavorare, come ho già detto, presso un suo negozio di G.P.L. a Mugnano, egli ha notato che io ero un giovane sveglio e, pertanto, mi ha messo a parte di quella che era la situazione al momento tra i due gruppi criminali ed in particolare mi disse che a causa delle decisioni del figlio di Di Lauro Paolo, Cosimo, i soggetti affiliati al clan Di Lauro che da maggior tempo affiancavano il Di Lauro Paolo, si sentivano messi da parte. Difatti, il Cosimo dava spazio a soggetti giovani legati a lui soprattutto da rapporti di amicizia. DOMANDA: Quali erano i soggetti più anziani di spessore a cui si riferiva CIPOLLETTA Salvatore? RISPOSTA: Erano CAIAZZA Ciro, CIPOLLETTA Salvatore, Cesare PAGANO, Lello AMATO, … omissis…..Proseguendo nella risposta CAIAZZA Antonio, Carmine la "Vecchierella" (n.d.r. AMATO Carmine) che sarei in grado di riconoscere e che ricordo essere un giovane di circa trent'anni, alto all'incirca 167/170 centimetri, di corporatura magra, con capelli biondo con gli occhi chiari … omissis … Proseguendo nella risposta, poi "o Vectorio" di nome Enzo (n.d.r. NOTTURNO Enzo) che ho visto una sola volta di sfuggita perché me lo ha indicato Salvatore CIPOLLETTA, un certo Angelo o Angioletto, mi sembra si chiami ABETE Angelo. Queste, secondo quanto dettomi da Salvatore CIPOLLETTA, sono le persone che hanno deciso di iniziare la guerra contro il figlio di Di Lauro Paolo, il Cosimo. Ricordo che tra questi il CIPOLLETTA mi indicò anche tale MIGLIACCIO Giacomo detto "Giacomino a' femminella" ed il compare di tale Giacomino che si chiamava Gino BARRETTA che poi è stato ammazzato dagli stessi scissionisti…omissis…RISPOSTA: Mi è stato riferito dal CIPOLLETTA Salvatore che erano rimasti fedeli al Di Lauro Paolo i seguenti soggetti: PETROZZI Salvatore, che conosco perché siamo stati detenuti nella stessa cella, suo genero MONTANINO Fulvio che è stato ammazzato nel corso della faida e che non ho mai visto, Giovanni MONTEMURRO detto "Eustacchio" che sono in grado di riconoscere, il fratello di quest'ultimo Totore "o maomao" il quale è persona di statura robusta anche se più giovane del fratello.

DOMANDA: Dei figli di Di Lauro Paolo, quali facevano parte del clan?

RISPOSTA: Sono a conoscenza che Di Lauro Cosimo era a capo dell'organizzazione al posto del padre. Gli altri fratelli di cui non conosco i nomi, non avevano tale ruolo apicale.

DOMANDA: Quando ha saputo dell'esistenza del gruppo che si è scisso e se sa indicare quale sia stato il primo omicidio che ha dato inizio alla faida?

RISPOSTA So dell'esistenza del gruppo degli scissionisti dal momento della mia affiliazione a tale gruppo che risale al novembre del 2004.

So che i primi due omicidi, della faida, si sono verificati a Mugnano di Napoli, questi fatti sono avvenuti prima della mia affiliazione al clan.

Tale duplice omicidio ha visto come vittime tale Raffaele detto "'o spirito" e tale "o po" (n.d.r. duplice omicidio DURO-PANICO).

Io ho saputo di tali fatti successivamente alla mia affiliazione dal fratello del "po" che si chiama Michele e che gestisce un'agenzia musicale in Melito, per conto degli scissionisti, denominata "Trionfo" e di cui ho già parlato.

DOMANDA Sa le persone uccise a quale erano affiliate e quale clan controllava Mugnano.

RISPOSTA So che facevano parte del clan di Mugnano a capo del quale vi era Giacomino "a'femminella" non conosco il clan Di Girolamo.

DOMANDA Sa riferire di altri omicidi della faida ?

RISPOSTA so dei seguenti omicidi del duplice omicidio MONTANINO Fulvio e di un'altra persona che non conosco, BARRETTA Gino che, come ho già detto non è un omicidio della faida, ma un omicidio all'interno degli scissionisti.

Tornando agli omicidi della faida ricordo come risposta

all'omicidio da noi subito della Verde Gelsomina vi è stato in risposta un agguato mortale conclusosi con la decapitazione della vittima.

Di tali fatti sono a conoscenza in quanto io ero uno degli armieri degli scissionisti e, quindi, dovevano rivolgersi a me per le armi da utilizzare. Io , pertanto, non conoscevo necessariamente i nomi delle vittime".

LA «CRESTA» SULLA DROGA
CHE FECE INFURIARE IL BOSS

Esaminiamo ora le dichiarazioni del PAROLISI Andrea che nel corso del suo verbale di interrogatorio del 20.1.07 dichiara :

"DOMANDA: Riprendendo nel discorso interrotto poc'anzi aveste da parte dei Di Lauro avvertimenti circa un pericolo imminente a seguito della scissione che si stava compiendo all'interno del clan Di Lauro e in caso affermativo per quale motivi si stavano rompendo i rapporto tra Cosimo Di Lauro, AMATO Raffaele ed altri affiliati importanti di quel clan?

RISPOSTA: Il motivo per cui ci fu il contrasto è di tipo economico. Per come mi disse Carmine AMORUSO due, tre anni prima della faida di Scampia vi era stato un contrasto tra Lello AMATO e Paolo Di Lauro in ordine ad un ingente quantitativo di soldi. Nel senso che sulle compravendita di droga che AMATO Raffaele faceva per conto di Paolo Di Lauro, l'AMATO diceva al Di Lauro che la droga costava di più e la differenza tra quanto effettivamente veniva pagata e quanto invece egli diceva che costava la tratteneva per sé. Ciò sarebbe successo per molto tempo, si parlava di qualche anno. La droga al tempo trattata da AMATO era sia la cocaina che l'hashish. Quindi diceva AMORUSO che i soldi dovevano essere proprio tanti.

DOMANDA: Il clan Di Lauro prima e l'AMATO dopo hanno mai trattato l'eroina?

RISPOSTA: Per quello che mi ha detto AMORUSO io so solo del "fumo" e della cocaina.

DOMANDA: I contrasti con Paolo Di Lauro e Cosimo Di Lauro li ebbe solo AMATO Raffaele oppure anche altre persone del clan Di Lauro, no parenti dell'AMATO ebbero contrasti?

RISPOSTA: No, motivi di risentimenti di questo tipo li ebbero solo AMATO Raffaele e il cognato PAGANO Cesare.

DOMANDA: Per quale motivo, come lei ha detto in precedenza, MIGLIACCIO Giacomo e MARINO Gennaro passarono con AMATO?

RISPOSTA: Posso dire per averlo sentito direttamente da MARINO Gennaro in uno degli incontri sulla casa di Gennaro MARINO a Secondigliano di cui ho già detto che il MEKKEY diceva ad AMORUSO ed io, presente, lo ascoltavo che lui non si fidava dei figli del Di Lauro Paolo ed in particolare di Cosimino che allora comandava anche perché il fratello Enzo era in carcere. Tant'è che egli disse di essere andato di nascosto diverse volte a Barcellona, nei pressi del casinò, per prendere contatti con AMATO Raffaele. MARINO non disse espressamente che già si stava costituendo un gruppo pronto ad uscire dal clan Di Lauro, ma noi lo capimmo dal tenore delle sue parole e dal suo stato d'animo nei confronti dei figli del Di Lauro.

DOMANDA: Di questo stato di cose avevate avuto conferma dagli stessi Di Lauro in epoca precedente agli incontri con il MARINO avvenuti tra il dicembre 2003 e il gennaio 2004?

RISPOSTA: No, i Di Lauro si accorsero di questo stato di cose sette – otto mesi dopo il duplice omicidio DURO-PANICO (n.d.r. 22.1.2004) quando seppero che i cosiddetti "spagnoli" ossia AMATO Raffaele era tornato a Secondigliano o comunque in zona.

DOMANDA: Chi venne a darvi la notizia?

RISPOSTA: Ci vennero ad avvertire CORTESE Giovanni detto "o cavallaro" e DE PASQUALE Gaetano detto "spasiello". Queste due persone vennero presso la via Del Vecchio Mercato Ittico di Mugnano dove si trovava la casa di AMORUSO e il deposito dei camion dei fratelli di quest'ultimo.

DOMANDA: Dopo quest'avvertimento successero delle cose da cui voi desumeste che questi fatti erano veri?

RISPOSTA: Si, vi fu il duplice omicidio di MONTANINO Fulvio e SALIERNO, zio del MONTANINO (n.d.r. omicidio avvenuto il 28.10.2004). Successivamente sapemmo da CORTESE Giovanni della scomparsa proprio del DE PASQUALE Gaetano detto "spasiello" (n.d.r. il DE PASQUALE risulta scomparsa a far data dal 1.11.2004)... omissis... Ricordo che dopo questi fatti, ossia l'omicidio di MONTANINO e la scomparsa di DE PASQUALE, nessuno dei Di Lauro venne più a Mugnano. Provai a recarmi io da loro, sia nella zona del Terzo Mondo che in "Mezzo all'Arco", ma non vidi nessuna vedetta nè nessuno del clan. Tant'è che Carmine AMORUSO si preoccupò che i Di Lauro ci avessero abbandonato.

DOMANDA: Quando e come AMORUSO Carmine decise di passare dal clan Di Lauro agli scissionisti

RISPOSTA: Proprio contestualmente a questi fatti ed a questa situazione di silenzio da parte dei Di Lauro avvenne che la madre di "Giacomino a' Femminella" ossia MIGLIACCIO Giacomo prese contatti con la sorella di AMORUSO Carmine, Concetta, poiché voleva parlare con il Carmine AMORUSO. La madre di

Giacomino era in rapporto di parentela con Carmine ed infatti era appellata "Zia Maria". Il giorno successivo Carmine AMORUSO incontrò la madre di Giacomino e costei gli riferì che il figlio Giacomo voleva parlargli. Carmine acconsentì ed giorno seguente fu fatto recapitare ad AMORUSO, proveniente da MIGLIACCIO Giacomo, un telefono cellulare "pulito". Quel giorno o un paio di giorni dopo CARMINE su quel cellulare ricevette la chiamata da MIGLIACCIO Giacomo che cercò di convincerlo a passare, come aveva fatto lui, con AMATO. Ma AMORUSO non si convinse alle sue parole, fu decisivo il contestuale intervento di MARINO Gennaro. Infatti MIGLIACCIO gli disse che vicino a lui vi era un suo caro amico che gli voleva parlare e passò il cellulare a questa persona che altri non era se non Gennaro MARINO. L'intervento del MARINO fu decisivo nel convincere Carmine per il forte legame esistente da lungo tempo tra i due. In quell' occasione a Carmine fu dato appuntamento per un incontro successivo che si tenne poco dopo presso un ristorante di Bacoli che non so meglio precisare. Io non ho accompagnato Carmine in quell'occasione perché lui stesso mi disse che era preferibile fosse stato presente uno solo di noi due. Al ritorno dall'incontro mi raccontò nei dettagli cosa fosse avvenuto e chi era presente all'incontro nel ristorante."

L'OMICIDIO NON AUTORIZZATO E IL KILLER UCCISO PER VENDETTA

Di seguito si riportano stralci da diversi verbali di interrogatorio del PIANA Giovanni.

Dal verbale del 22.11.2007 egli riferisce di essersi affiliato "…iniziato a far parte del gruppo ABBINANTE stanziato nel Rione Monterosa nell'anno 2000. il mio ingresso è stato favorito dai fratelli MOCCIA, ovvero MOCCIA Giovanni, deceduto, e MOCCIA Antonio i quali già facevano parte, anche in virtù di un rapporto di parentela, del medesimo gruppo criminale a far data dal 1997/1998. Fui presentato a Francesco ABBINANTE il quale mi destinò alla piazza di spaccio di sostanza stupefacente del tipo hashish del Rione Monterosa. In pratica il mio ruolo era di sorveglianza della piazza nonché ero addetto al conferionamento delle dosi. Questa piazza era dell'ABBINANTE Francesco ma veniva di fatto gestita da MOCCIA Giovanni."

Come di vede il rapporto di questi con i vertici dell'organizzazione avviene immediatamente e non è un caso che sarà proprio il PIANA, come da lui stesso riferito e confermato anche dalle indagini della Squadra

Mobile, a gestire la latitanza dell'ABBINANTE Francesco il quale versava in tale condizione proprio nel periodo della faida e utilizzava il propalante quale factotum e suo ambasciatore ed è questo il motivo per cui il detto PIANA non partecipò stabilmente ai gruppi di fuoco di Licola e Varcaturo ma si recò spessissimo in quei luoghi. Del resto anche perima della faida egli svolgeva tale ruolo come mostrano i successivo stralci dai suoi verbali di interrogatorio.

Tale precisazioni servono per introdurre al giudice lo spessore del collaboratore ed il suo grado di intraneità alle dinamiche criminali di Secondigliano e della zona a nord della città di Napoli.

Ed ancora per quanto riguarda l'inizio della faida e le ragioni che portarono allo scontro sono ben spiegati nei successivi verbali, partiamo dal suo interrogatorio del 7.2.2007 :

"DOMANDA: Conoscete circostanze relative all'omicidio commesso nei confronti di due persone soprannominate O PO e SPIRITO nel gennaio 2004? RISPOSTA: Si, ho saputo i fatti da ABETE Arcangelo durante un incontro che questi ebbe, a Marano, con ABBINANTE Francesco a cui io ho presenziato. Questo incontro avvenne tra marzo ed aprile 2004. Fu ABBINANTE Francesco a chiedere spiegazione ad ABETE di quanto accaduto ai due soggetti che so chiamarsi DURO e PANICO. ABETE spiegò ad ABBINANTE, che era già passato in quel periodo con il gruppo di AMATO, infatti gli ABBINANTE passano dai Di Lauro all'Alleanza scissionista poco dopo l'omicidio di cui stiamo parlando, che l'omicidio avvenuto a Mugnano era stato motivato dal fatto che i due soggetti allora referenti dei Di Lauro a Mugnano avevv ano deciso di rimanere fedeli al gruppo di Ciruzzo e di non passare con AMATO. Infatti in quel periodo, ci disse ABETE, AMATO era tornato dalla Spagna in Italia e si appoggiava proprio a Mugnano al fine di contattare tutti i personaggi di spicco del clan Di Lauro per convincerli ad abbandonare detto clan e a passare con l'alleanze degli scissionisti. Non essendovi riuscito con DURO e PANICO decisero di ucciderli. Difatti i due soggetti furono invitati ad un incontro durante il quale gli fu chiesto di passare con gli scissionisti, ABETE non ci disse chi era presente per gli scissionisti a quest'incontro. Visto il loro diniego, mentre i due rientravano dall'incontro a bordo di una Smart vennero uccisi da un commando formato dallo stesso ABETE Arcangelo ed ancora da altri soggetti già passati con gli scissionisti e cioè: MAURIELLO Ciro, MARINO Gennaro, NOTTURNO Vincenzo ed il fratello NOTTURNO Gennaro.".

Quanto alla valenza e natura di questo evento vi sono anche le dichiarazioni del PAROLISI poc'anzi riportate e sulla vicende compitamente richiamate a pagina 166 della presente richiesta.

Si comprende che questo omicidio viene compiuto quando ancora le forze in campo non erano delineate e evi era una sotterranea attività di disarticolazione del gruppo Di Lauro ad opera di soggetti che avendovi militato per decennio ne comprendevano le dinamiche e ne anticipavano le mosse.

Del resto che in quel periodo l'AMATO Raffaele fosse in zona con il celato intento di organizzare la scissione è ampiamente monitorato dalle intercettazioni delle conversazioni intercorse tra due personaggi di spicco quali MIGLIACCIO Giacomo e IAZZETTA Biagio a lui fedeli che consacrano la vicenda e confermano la ricostruzione del PIANA e la diversa interpretazione del PAROLISI che, allora, neofita di tali vicende apprendeva dall'AMORUSO che, proprio, a seguito dell'omicidio del DURO e del PANICO, veniva posto dal Di Lauro Cosimo a capo della zona di Mugnano.

Quello stesso AMORUSO che, a sua volta, abbandonerà il Cosimo a faida iniziata, perché l'alleanza scissionista aveva interesse a controllare Mugnano.

Tale specifico interesse partecipa di una duplice ratio la prima senz'altro logistica, essendo la cittadina vicinissima a Secondigliano, la si raggiunge anche in un lasso di tempo brevissimo, cinque minuti circa con mezzi veloci; sul punto i collaboratori saranno esaustivi allorquando diranno che i gruppi di fuoco si appoggiavano nell'emmediatezza degli agguati da consumare a Secondigliano, proprio nella città di Mugnano oppore vi ritornavano dopo l'agguato per liberarsi delle armi e delle autovetture; vi è, però un'altra ragione su cui pure i propalanti si sono soffermati e, cioè, che da punto di vista geocriminale essere egemoni in una intera cittadina è maggiormente funzionale, per la natura sistemica di un clan, al controllo camorristico consentendo al gruppo criminale di infiltrare tutti gli aspetti della società legale che diviene sempre più asservita alle logiche illegali.

Ancora dal verbale del 6.11.2007 di PIANA Giovanni:
"...Ho conosciuto personalmente solo Di Lauro Cosimo, Di Lauro Ciro nonchè Di Lauro Nunzio e Di Lauro Marco, ma con questi ultimi due ho avuto solo sporadici incontri. Ho incontrato Di Lauro Cosimo e Di Lauro Ciro prima della faida di Secondigliano e precisamente nel periodo in cui a Secondigliano venne ucciso Mariano NOCERA, questa persona legata al gruppo ABBINANTE. Io, unitamente a mio cognato Pasquale RICCIO mi sono incontrato con Di Lauro Cosimo, presente anche Di Lauro Ciro perché questi ci mandarono a chiamare. Il Di Lauro Cosimo voleva fra capire alla famiglia ABBINANTE che lui era il capo e che tutto veniva gestito da lui. Il Di Lauro Cosimo ci disse che lui aveva preso il posto del padre e che voleva

eliminare tutte le persone anziane del gruppo per lasciare spazio ai giovani. Il Di Lauro Cosimo ci disse che a Secondigliano non si poteva fare niente senza il suo preventivo consenso; in particolare il Di Lauro si riferiva al fatto che NOCERA Mariano, prima di essere ucciso aveva commesso l'omicidio di una persona che non conosco ma posso precisare che detto omicidio è stato commesso fuori dal bar Zelinda. Il NOCERA aveva commesso detto omicidio senza avvisare nessuno e lo aveva commesso perché l'ucciso doveva dargli dei soldi derivanti dal traffico di sostanza stupefacente. Detto omicidio è stato commesso dal NOCERA Mariano da solo e senza l'appoggio di nessuno. Il Di Lauro Cosimo ci fece capire che era stato lui a commissionare l'omicidio del NOCERA; che far comprendere ciò voglio premettere che dopo la consumazione da parte del NOCERA dell'omicidio davanti al bar Zelinda, questi temeva per la sua incolumità tanto è vero che si impressionò del fatto che una motocicletta, a suo dire, la stava seguendo. Il NOCERA mi riferì detta circostanza ed io lo accompgnai da ABBINANTE Francesco, all'epoca latitante, il quale mi invitò di mandare a Di Lauro Cosimo l'imbasciata che il NOCERA aveva sbagliato ma comunque era suo amico e pertanto poteva essere perdonato. Io ed ESPOSITO Giovanni ci recammo da Fulvio MONTANINO, all'epoca braccio destro di Di Lauro Cosimo, e gli dicemmo quanto riferitoci da ABBINANTE Francesco con la preghiera di informare il Di Lauro Cosimo. Fatto è che lo stesso pomeriggio il NOCERA venne ucciso.
Preciso che mentre Di Lauro Cosimo ho visto personalmente solo in questa occasione, ho rivisto Di Lauro Ciro anche in altra occasione. Precisamente io all'epoca gestivo la piazza di hashish al Rione Monterosa, località "casaro" e dissi all'ABBINANTE, che si riteneva ancora un'unica cosa con i Di Lauro, che

se ci mettevamo a vendere anche la cocaina i Di Lauro ci avrebbero subito chiamato e detto di smettere detta vendita. Lo stesso non credeva su quanto io gli stavo dicendo, ma fatto fu che iniziammo a vendere la cocaina e subito Di Lauro Ciro mi mandò a chiamare. Venni prelevato da FABBRICINO Ciro che mi portò da Di Lauro Ciro il quale mi chiese di spostare la vendita di cocaina perché era in concorrenza con altra piazza di spaccio di cocaina che i Di Lauro gestivano in prossimità del Monterosa. Io risposi che avrei spostato detta piazza. Mi recai da ABBINANTE Francesco e gli contestai che io avevo ragione e questi mostrò la sua meraviglia. Di Lauro Nunzio è stato da me visto in diverse occasioni ma non ho mai avuto un rapporto diretto; ciò vale anche con riferimento a Di Lauro Marco.".

Sempre sulla medesima vicenda nel verbale del 30.1.2008 egli riferisce e precisa :

"...ADR Con riferimento all'omicidio di NOCERA Mariano voglio precisare che lo stesso è stato ucciso nell'agosto-settembre 2004 e da poco era entrato a far parte del clan ABBINANTE. Voglio precisare che il NOCERA Mariano si era reso responsabile, circa un mese prima di essere ucciso, dell'omicidio in danno di un ragazzo, ora che ricordo a nome ARCIELLO Vincenzo, omicidio commesso nei pressi del bar Zelinda. Detto omicidio NOCERA Mariano l'aveva commesso da solo ed era stato motivato dal fatto che il NOCERA aveva consegnato all'ARCIELLO 200 grammi di cocaina che non gli erano stati pagati. Quando è stato ammazzato l'ARCIELLO io mi trovavo a Forte dei Marmi con ABBINANTE Francesco, all'epoca latitante. Dimoravamo in una villetta presa in affitto. Durante detta permanenza a Forte dei Marmi io comunque all'incirca ogni settimana facevo rientro a Napoli e, durante uno di questi viaggi, ho saputo dell'omicidio ARCIELLO, per come riferitomi dallo stesso NOCERA. Io, risalito a Forte dei Marmi, riferii il tutto ad ABBINANTE Francesco, all'epoca unico della famiglia ABBINANTE ad essere libero. Verso gli inizi di settembre ABBINANTE Francesco fece rientro a Napoli e si incontrò con NOCERA Mariano e questi spiegò all'ABBINANTE tutta la situazione. Subito dopo il NOCERA Mariano, uscendo da casa della sorella, notò delle persone su di una motocicletta che stavano per commettere, a suo dire, un agguato nei suoi confronti, si impressionò, mi mandò a chiamare e mi raccontò l'accaduto. Io mi recai da ABBINANTE Francesco il quale, appreso l'accaduto, mi diede l'ordine di recarmi "in mezzo all'arco" per riferire che il NOCERA era un affiliato agli ABBINANTE. Io mi recai "in mezzo all'arco" e, non incontrando nessuno, andai da MONTANINO Fulvio e da SALERNO Claudio, entrambi successivamente ammazzati, ai quali spiegai la situazione chiedendo agli stessi di riferire a Di Lauro Cosimo che il NOCERA era un affiliato agli ABBINANTE e di soprassedere a qualsiasi cosa perché quello che era successo era non più riparabile. Il MONTANINO mi diede appuntamente al pomeriggio perché mi avrebbe dato una risposta. Il pomeriggio incontrai nuovamente il MONTANINO il quale mi disse che aveva parlato con Di Lauro Cosimo e che "tutto era a posto". Io, pertanto, mi recai da ABBINANTE Francesco al quale riportai la risposta di Di Lauro Cosimo. ABBINANTE Francesco mandò a chiamare il NOCERA Mariano al quale riferì di non preoccuparsi perché tutto era a posto e che poteva riprendere a scendere. Dopo qualche giorno, non più di un paio di giorni, il NOCERA Mariano venne ucciso nei pressi del bar San Paolo nel Rione Monterosa. Quando è stato ammazzato il NOCERA anche io mi trovavo nel Rione Monterosa ed ho visto, a seguito dell'agguato, scappare su di uno scooter MONTANINO Fulvio, e su di altro scooter SALERNO Claudio e tale GENNY " a puttana". Dopo circa una settimana mi mandò a chiamare Di Lauro Cosimo che, incontrai in una abitazione "in mezzo all'arco", unitamente a RICCIO Pasquale. Il Di Lauro Cosimo era in compagnia del fratello Di Lauro Ciro, di tale GIOVANNI " o cavallaro", di tale PEPPE "a befana" ed altre due o tre persone. Seduti al tavolo eravamo però solo io, RICCIO Pasquale ed i fratelli Di Lauro mentre le altre persone erano leggermente in disparte. Di Lauro Cosimo, confermò che erano stati loro a commettere l'omicidio del NOCERA, senza specificarmi gli autori, ed alla mia rimostranza che non si era dato seguito all'imbasciata in precedenza fatta da ABBINANTE Francesco, il Di Lauro Cosimo mi disse di dire all'ABBINANTE che lo stesso era "un suo fratello", che non aveva potuto fare a meno di uccidere il NOCERA perché le cose erano cambiate nonché che era giunto il momento di ringiovanire le file della organizzazione, Temporalmente siamo pochi mesi prima dell'inizio della faida. Dopo aver parlato con Di Lauro Cosimo mi sono recato, da solo, da ABBINANTE Francesco al quale ho riferito il contenuto del colloquio. ABBINANTE Francesco rimase male di quanto detto dal DI LAURO Cosimo, precisandomi che questi "aveva perso la testa" e che da quel momento dovevamo aprire gli occhi perché temeva che i DI LAURO volessero "dargli addosso". Subito dopo venni contattato da Massimo MELE detto "pappagnella", anzi da ABETE Arcangelo in quanto l'incontro con il MELE Avvenne prima dell'uccisione del NOCERA, il quale mi chiese di incontrare ABBINANTE Francesco. Io organizzai l'incontro tra ABBINANTE Francesco ed ABETE Arcangelo, che avvenne a Marano; io ero presente a questo incontro e tra l'altro l'ABETE specificò ad ABBINANTE che ad uccidere il NOCERA Mariano era stata la "paranza" di Fulvio MONTANINO, confermando così quello che da me era stato personalmente constatato".

Ancora nel verbale del 19.2.2008 il PIANA chiarisce le conseguenze delle decisioni del DI LAURO Cosimo e come le stesse ingenerarono la unanime reazione di quelli che sarebbero divenuti i capi dell'alleanza scissionista :
"...Foto n. 8: Riconosco tale GENNI la puttana. Era un soggetto vicino al MONTANINO Fulvio cioè era affliliato ai DI LAURO. Questo Genni faceva parte del gruppo di fuoco a capo del quale vi era il MONTANINO Fulvio, del detto gruppo faceva parte anche: il fratello di questi ANTONELLO, lo zio SALERNO Claudio, tale PALLINO ora morto a seguito di incidente con la proprio moto, tale O CARRE', che più o meno aveva l'età di MONTANINO Fulvio. Questo gruppo di fuoco ha commesso omicidi prima della faida di Scampia, ad esempio come da me già riferito l'omicidio di ALIBERTI Luigi detto GIGGINO o LUONGO. In questo caso l'appuntamento fu dato da CAFASSO Massimiliano, e ad ucciderlo furono SALERNO e MONTANINO. L'ordine lo diede Cosimo DI LAURO. Come già de me riferito tale fatto mi fu detto da ABETE Arcangelo.
Ricordo che questo stesso gruppo di fuoco, commise anche l'omicidio di tale NOCERA agli inizi dell 'anno 2004, in particolare a commettere l'omicidio furono: SALERNO Claudio e Genni la puttana, quest'ultimo guidava la moto mentre a sparare fu SALERNO. Il NOCERA come da me già riferito in precedenti interrogatori fu ucciso perché aveva commesso un omicidio al bar ZELINDA senza aver chiesto il

preventivo assenso dei DI LAURO. L'ordine di ucciderlo partì da Cosimo DI LAURO.

L'Ufficio da atto che alla foto n. 8 è effigiato GALLUCCI Gennaro, nato a Napoli il 21.03.1972;

A.D.R. I particolari in ordine all'omicidio del NOCERA ce li riferì direttamente il Cosimo DI LAURO nel corso di un incontro avvenuto in mezzo all'arco. Ricordo che il Cosimo DI LAURO mandò a chiamare me attraverso FABBROCINO Pasquale che mi disse di recarmi da Cosimo che mi voleva parlare quale rappresentante degli ABBINANTE. Io andai insieme a RIICCIO Pasquale dopo aver avvertito Francesco ABBINANTE che mi disse di andare tranquillamente. In quel periodo l'ABBINANTE non si poteva muovere in quanto latitante. Ci recammo in mezzo all'arco, precisamente ad un bar accanto al negozio di FINIZIO. C'erano molte persone tra cui, Marco DI LAURO, Ciro DI LAURO, Nunzio DI LAURO, ed O CAVALLARO. Ciro ed il CAVALLARO si misero su di uno scooter e noi li seguimmo a bordo del nostro scooter. Ci allontanammo di poco dal bar ed entrammo dentro ad un portone sempre in mezzo all'arco dove c'era un cortile su cui insisteva un piccolo cancello che portava nella terranno dove il Cosimo ci incontrò. Questa fu l'occasione in cui partendo proprio dall'omicidio del NOCERA e dal fatto che questi era stato ucciso per non aveva ottenuto preventivamente la sua autorizzazione per commettere l'omicidio del bar ZELINDA, per spiegarci come stavano le cose da quel momento in poi. Egli ci disse che lui pretendeva da tutti quanti gli affiliati al clan DI LAURO, anche dagli esponenti di spicco, di essere preventivamente informato di qualunque reato si dovesse commettere in particolare gli omicidi. Mi disse anche che era sua intenzione di fare avvicendare i figli dei capi del clan DI LAURO al posto dei padri. Quando io gli feci presenti che il NOCERA era amico di Francesco

ABBINANTE e che questi era rimasto molto male dell'uccisione dell'amico il Cosimo mi rispose che lui sapeva di questo legame ma che doveva dare l'esempio per gli altri di modo che si capisse che per commettere un omicidio a Secondigliano si doveva avere il suo permesso. In precedenza quando a comandare era Paolo DI LAURO è capitato che ABBINANTE, piuttosto che PARIANTE, piuttosto che PRESTIERI abbiano commesso o dato ordine di commettere omicidi ed abbiano informato solo successivamente Paolo DI LAURO, senza che questi decidesse di rispondere a tale fatto uccidendo chi aveva commesso l'omicidio. Io dissi al Cosimo che era un semplice ambasciatore e che avrei riferito quanto da lui dettomi ad ABBINANTE Francesco che non era potuto venire da lui poiché latitante. Quando andai via e ritornai da ABBINANTE commentammo con il Francesco che era proprio come ci aveva detto ABETE Arcangelo e cioè che Cosimo voleva diventare il capo assoluto del clan DI LAURO, inoltre ABBINANTE mi disse ed io concordavo con lui che prima o poi avrebbe colpito tutti i capi del clan per restare lui da solo con i fratelli. Infatti per provare ciò io feci finta di aprire una piazza di cocaina lì nel Monterosa, concorde ABBINANTE Francesco, alle spalle vi era una piazza dei DI LAURO. Dopo pochi giorni Ciro DI LAURO venne e disse che dovevamo spostare un poco più in là la piazza di droga perché era troppo vicino alla loro. Io disse che l'avrei chiusa ed allora ABBINANTE capì che i DI LAURO volevano prendersi la 167. Quindi ci determinammo come gruppo ABBINANTE ad appoggiare la scissione del gruppo capeggiato da AMATO Raffaele.".

Infine nel varbale del 27.3.2008 a precise domande dell' A.G. egli chiarisce come, materialmente giuse al gruppo degli ABBINANTE l'informazione che AMATO

Raffele si stava allontanando dal clan DI LAURO in maniera definitiva e come da ciò sarebbe nato uno scontro aramato a cui si chiedeva agli stessi ABBINANTE di aderire; si legge :

"DOMANDA: Come ha avuto inizio la faida di Scampia e come ne avete avuto notizia:

RISPOSTA: Ricordo che verso la fine del 2003, quando i capi del clan ABBINANTE erano detenuti e ABBINANTE Francesco era latitante, venne nel Monterosa Genny MEKKEI (n.d.r. MARINO Gennaro) a dire a me, a MOCCIA Giovanni ed a RICCIO Pasquale che AMATO Raffaele con almeno quaranta, cinquanta persona oltre agli stretti familiari, aveva abbandonato la zona di mezz' all'arco, ossia il clan DI LAURO, e si era rifugiato in Spagna; in quell'occasione MEKKEI ci riferì da parte del Lello che Paolo DI LAURO aveva avuto intenzione, prima di essere arrestato e che con lui fossero arrestati anche gli altri capi del clan DI LAURO, di eliminare ABBINANTE Raffaele e PARIANTE Rosario e che questa cosa non era stata fatta perché tutti erano stati arrestati e lui era divenuto latitante.

Non fu chiaro al momento ne ci è mai stato chiarito se AMATO Raffaele prima degli arresti era d'accordo ad eliminare questi soggetti o se in caso di disaccordo con DI LAURO, perché non aveva avvertito ABBINANTE Raffaele e PARIANTE Rosario; in quell'occasione MEKKEI disse che AMATO mandava a dire che lui non lo aveva detto perché ABBINANTE non gli avrebbe mai creduto.

Successivamente andarono a MARANO, presso una delle case dove ABBINANTE Francesco stava trascorrendo la sua latitanza, in particolare quella di una cugina , PARIANTE Vincenzo ed ABETE Arcangelo i quali gli dissero le stesse cose che a noi aveva detto MARINO Gennaro, precisarono che i motivi dell'allontanamento dell'AMATO li avevano saputi dalla sua stessa voce, infatti questi prima di andarsene era passato dal negozio Strike di PARAIANTE Vincenzo dove fanno le scommesse e gli aveva riferito il motivo per cui andava via.

Quindi chiesero a Francesco di dire se anche gli ABBINANTE erano d'accordo a passare con AMATO Raffaele, dicendo che PARIANTE Rosario aveva già aderito.

Francesco fece arrivare l'imbasciata nel carcere e poi al processo che si svolgeva nei loro confronti i capi ABBINANTE, Raffaele, Antonio e Guido, decisero di aderire anche loro alla scelta di AMATO e ce lo fecero sapere, lo dissero in particolare ad ESPOSTO Giovanni che fece il colloquio con Antonio ABBINANTE dopo l' udienza..

Comunque come già detto il MARINO ed il PARIANTE dissero che c'era stato tra Ciruzzo ossia Paolo DI LAURO ed AMATO Raffaele un litigio sia per il disaccordo sulla eliminazione di ABBINANTE Raffaele e di PARIANTE Rosario e sia per il fatto che voleva far comandare il figlio Cosimo, ed anche perché Ciruzzo pretendeva che tutte le piazze gestite dai vari sottogruppi capeggiati da ABETE Arcangelo, MARINO Gennaro, PARIANTE Rosario, ABBINANTE Raffaele, CAFASSO Massimiliano, PRESTIERI, e tutte le altre della 167 dovevano da quel momento pagare le quote a Paolo DI LAURO. Il Lello si ribellò dicendo che non era possibile fare questo e che lui a queste persone non avrebbe mai chiesto le quote perché eravamo tutti un clan e loro dovevano, come era stato sino ad allora, pagare la droga che acquistavano dall'AMATO e quindi da DI LAURO, ma non dare anche dare una quota sulla vendita.

DOMANDA era chiaro per voi che vi sarebbe stato uno scontro armato?

RISPOSTA   SI perché la richiesta di AMATO era proprio nel senso di avere un aiuto militare dagli altri sottogruppi e così fu."

DIECI MILIONI DI EURO AL CLAN MISSO IN CAMBIO DELL'APPOGGIO

Orbene sin'ora i fatti sono stati narrati da una prospettiva tutta interna ai sodalizi interessati, ma recenti collaboratori di assoluto spessore criminale, tenuto conto del ruolo dagli stessi svolti nell'omonimo clan riferivano fatti di assoluto intersse e riscontro sulle vicende portate al vaglio del giudice.
Si passerà, infatti ad esaminare le dichiarazioni dei capi del clan MISSO.
Il MISSO Giuseppe fornisce un suo contributo nel verbale di interrogatorio del 30.5.07 , allorquando sul punto dichiara :

"L'Ufficio da atto che vengono sottoposte in visione le fotografie nr. 57 e 58 depositate con nota 5540 della Questura Mobile di Napoli del 25/5/2007 ad integrazione dell'album fotografico senza datata composto da nr.67 foto contrassegnate con il solo numero e prive di altre indicazioni predisposto dalla 3^ Sezione Mobile della Questura di Napoli e depositato nell'ambito del p.p. 53128/05 sottoposto in visione a

Misso in data 22.05.2007. MISSO dichiara:
Foto nr.57: si tratta di Cesare PAGANO, capo degli scissionisti di Secondigliano, cognato di Raffaele AMATO, per il quale egli ha coordinato tutta la faida di Scampia contro i DI LAURO. Ciò perché Raffaele AMATO si è reso ben presto latitante ed ha trascorso questa sua latitanza in Spagna ed altri esponenti di spicco del clan sono stati ben presto arrestati. Come poi spiegherò e come ho già appuntato sul mio manoscritto conosco quali componenti del clan di Raffaele AMATO e PAGANO Cesare, Gennaro MARINO, MIGLIACCIO Giacomo, NOTTURNO Vincenzo con i suoi fratelli, CIPOLLETTA Salvatore ed altri su i quali potrò riferire e/o riconoscere in fotografia...OMISSIS...L'ufficio da atto che nella foto nr. 57 è ritratto PAGANO Cesare nato il 22.10.1969".
Nel successivo verbale del 7.6.2007 ad ulteriore chiarimento egli riferisce :
" ...A.D.R.:- per quanto riguarda il ruolo di Pagano Cesare voglio precisare che l'ho incontrato di persona per la prima volta nell'occasione poc'anzi ricordata e di cui ho diffusamente riferito nel verbale del 30.05.2007. ma del Cesare PAGANO ne ho sentito parlare sia prima che durante la faida di Secondigliano, infatti il PGANO Cesare, cognato di Amato Raffaele, era come questi affiliato al clan DI LAURO, a seguito dello scontro interno al clan DI LAURO si crearono due fazioni, una che faceva capo ai DI LAURO ed in particolare era comandata in quel periodo da Cosimo DI LAURO coadiuvato dai fratelli Marco e Nunzio; dall'altro lato vi era proprio AMATO Raffaele detto 'o lello che riuscì, come meglio spiegherò in seguito, a convincere una serie di altri personaggi di primo spesso del clan DI LAURO, ad unirsi con lui creando un nuovo clan che si scontrò militarmente con i soggetti rimasti fedele ai DI LAURO. In questo periodo, che sarebbe quello

antecedente alla fase cruenta della faida, AMATO Raffele si recò in Spagna da dove organizzò la scissione e la successiva vendette nei confronti dei DI LAURO. Il cognato PAGANO, in questo periodo e successivamente, rimase quale rappresentante sul territorio del Napoletano del gruppo che si era scisso. Con ciò voglio dire che il suo ruolo di capo, oggi consolidato, è in quel periodo che si delineò come tale. Durante la faida sia il clan DI LAURO che il clan degli SCISSIONISTI inviò emissari per chiedere un appoggio, anche militare, da parte del clan MISSO. Anche perché in quel periodo il nostro clan era un clan egemone. In particolare PAGANO Cesare fece pervenire la richiesta a Michelangelo MAZZA, non so il modo in cui ciò avvenne, il quale lo riferì intanto a mio fratello Emiliano che si trovava a Napoli e poi venne da me a Rimini a rifermi tale richiesta. Contemporaneamente anche Cosimo DI LAURO fa pervenire la setta richiesta a mio cugino Michelangelo MAZZA e ha portarlo fu CARDILLO Francesco detto coccodrillo che fu accompagnato da ESPOSITO Luigi, elemento di spicco del nostro clan, il CARDILLO è la stessa persona che di recente è stata uccisa a Secondigliano, sono in grado di riferire notizie utili in ordine a tale evento. Sia io che mio fratello che mio cugino Michelangelo MAZZA ritenemmo per la tipologia di faida in atto di non appoggiare nessuna delle due fazioni in campo di fatto io, inizialmente, avrei voluto parteggiare per i DI LAURO in quanto tra Paolo DI LAURO e mio zio MISSI Giuseppe vi è sempre stato un patto di ferro che poi le cui ragioni in seguito spiegherò. Ricordo anche che in quel periodo TORINO Salvatore riteneva viceversa che dovessimo appoggiare gli scissionisti. Però ripeto, poi, mio cugino Michelangelo MAZZA mi convinse della opportunità di rimanere neutrali, visto che durante la faida venivano uccise persone non affiliate ai due clan in quanto persone che avevano con questi rapporti di parentela di amicizia e null'altro, un esempio infatti fu la richiesta da parte di Cosimino DI LAURO di uccidere tale CARDONE genero di Gennaro MARINO detto genni mecchei, il quale CARDONE abitava nella Sanità. Essendo questi una persona che io conoscevo da quando ero piccolo, mandai a dire subito a Cosimo, che non solo non l'avremmo aiutato, ma che se l'avesse fatto autonomamente nella Sanità avremmo litigato.

Di fatti grazie al mio intervento il CARDONE è vivo e gestisce attualmente una pompa di benzina ad Arzano.

La nostra ambasciata di neutralità giunse a Ciro DI LAURO attraverso ROMAGNOLO Salvatore detto o zappatore, mentre quella agli scissionisti giunse loro per il tramite dei LO RUSSO a cui ci riferimmo tramite Giannino Penniello.

Come ho già dichiarato durante la faida della Sanità i DI LAURO ci proposero appoggio di uomini ed armi e la disponibilità ad essere impiegato come killer ci venne data anche da CARDILLO Francesco.

Sono in grado di riconoscere persone affiliate al clan DI LAURO e SCISSIONISTI; di riferire circa alcune notizie relative ad omicidi commessi durante la faida di Scampia…omissis".

Ancora, il MISSO Giuseppe, nel suo verbale di interrogatorio del 8.6.07, sul punto dichiara:

"Negli anni successivi allorquando Paolo DI LAURO divenne latitante ed anche mio zio fu arrestato, ciò avveniva in un periodo antecedente alla faida di Scampia, fummo noi giovani a prendere la gestione dei rispettivi clan.

In particolare per il clan DI LAURO il capo era Cosimo, anche perché il fratello Vincenzo era latitante in quel periodo con il padre, ad aiutarlo vi erano anche i fratelli Marco, Nunzio e Ciro. Voglio spiegare l'alternanza tra i fratelli: quando Cosimo viene arrestato anch'egli Marco divenne l'esponente di spicco, quando Vincenzo termina la latitanza perché arrestato ma successivamente riesce di nuovo a darsi latitante sarà lui a capo del clan. Per quanto riguarda noi a capo del nostro clan c'eravamo io, mio fratello Emiliano e mio cugino Michelangelo MAZZA.

Come già specificato nell'interrogatorio di ieri 7.6.2007 durante la faida di Scampia, nonostante gli inviti provenienti da entrambe le fazioni in lotta noi non parteggiammo né per i DI LAURO e né per gli scissionisti, ma entrambi i gruppi ci inviarono partite di droga, in particolare a mio cugino Michelangelo evidentemente per sollecitare il nostro appoggio. Sempre durante la faida come ho già riferito grazie al TORINO gli scissionisti poterono appoggiare le armi presso la Sanità mentre noi non svolgemmo tale attività per i DI LAURO.

Per quanto riguarda per i motivi della faida voglio meglio precisare quanto riferito nel verbale di ieri in ordine al ruolo di Lello AMATO nella faida ed alle modalità di reclutamento dei maggiori esponenti del clan DI LAURO alla scissione.

Anche il cugino del MISSO Giuseppe, MAZZA Michelangelo figura apicale del clan e braccio destro dello zio MISSI Giuseppe inteso o' nasone capo indiscusso del sodalizio, ha reso dichiarazioni di assoluto interesse nel corso del verbale di interrogatorio del 30.10.2007:

"...DOMANDA: Invece quando è stato detenuto presso la cella n. 71 con chi è stato codetenuto?

RISPOSTA:Con CHIARIELLO Salvatore detto Totore o Boxer, affiliato al con degli scissionisti per la zone di Melito, Salvatore FRIZZIERO dell'omonimo clan, mio cugino Giuseppe MISSO, mio cugino Michelangelo MISSO e un tale Antonio di Salerno che fu condannato all'ergastolo e di cui non ricordo il nome. Sempre nella cella n. 71 fui codetenuto solo io e mio cugino Michelangelo con CHIARIELLO Salvatore, un nipote di Genni MECCHEI, ricordo che un suo fratello fu sparato ad una gamba durante la faida. So che questo giovane è stato detenuto forse a Vibo Valentia anche con TORINO Nicola. Nel periodo natalizio abbiamo trascorso insieme la codetenzione. Con il CHIARIELLO ho spesso parlato di episodi che sono riferibili sia alla faida di Secondigliano e sia alla faida nostra della Sanità. Anche con il giovane nipote del MECCHEI che era alla sua prima detenzione avemmo modo di commentare i detti fatti. In un mio successivo periodo di detenzione a Poggioreale nella medesima cella ho ritrovato sempre il CHIARIELLO Salvatore e poi si unì a noi anche CAFASSO Massimiliano esponente di spicco del clan degli scissionisti con cui ebbi modo di commentare vicende di entrambe le faide di Secondigliano e della Sanità. Con noi in quel periodo, nella stessa cella, era detenuto anche ELEFANTE Antonio elemento di spicco del clan D'ALESSANDRO, suocero di uno dei figli di Michele D'ALESSANDRO.

DOMANDA: Ci può riferire il contenuto delle conversazioni intrattenute rispettivamente con Vincenzo DI LAURO, Salvatore CHIARIELLO, il nipote di Gennaro MARINO, CAFASSO Massimiliano, ed ELEFANTE Antonio.

RISPOSTA:Innanzitutto voglio precisare che ho ricordato che il nome del nipote di Gennaro MARINO è MANGANIELLO Roberto.

Vincenzo DI LAURO lo incontravo solo durante il passeggio. Con lui, che era persona riservata, non siamo entrati mai nello specifico di singole vicende o di singoli episodi della faida ma egli mi ha fatto in qualche modo intendere che riteneva il comportamento del fratello Cosimo, da questi tenuto durante la faida, non condivisibile….OMISSIS…In particolare poi con

CHIARIERLLO Salvatore allorquando io fui detenuto con lui ed il MANGANIELLO Roberto parlammo nello specifico della faida di Secondigliano fu proprio il MANGANIELLO Roberto a fornirmi le maggiori informazioni. Questi disse infatti che il primo omicidio della faida era stato quello di Gigino o luongo e che in quella occasione doveva essere ucciso anche lo zio MARINO Gennaro che resosi conto della situazione non andò all'appuntamento. Che in risposta a questo omicidio vi fu quello di Fulvietto MONTANINO. Si parlò anche dell'omicidio di Gelsomina VERDE ed i generale della strategia messa in atto da Cosimo DI LAURO durante la faida. Nel senso che entrambi gli scissionisti ed in particolare il MANGANIELLO stigmatizzavano come il Cosimo avesse ordinato sia omicidi ma anche altri reati quali danneggiamenti ed incendi di attività commerciali, abitazioni od altri beni riferibili agli scissionisti. Ancora che le vittime prescelte per gli agguati che avevano condotto alla morte o solo al ferimento di diversi soggetti avevano riguardato nella grande maggioranza dei casi persone non affiliate al clan degli scissionisti o che ricoprivano ruoli di primo piano nel clan ma semplicemente persone vicine in qualche modo ai singoli affiliati ad esempio perché parenti. Il MANGANIELLO faceva proprio l'esempio suo ed in particolare del fratello che era stato vittima di un agguato e che mero caso era riuscito a sopravvivere. Inoltre questi mi disse che la famiglia MARINO aveva subito incendi, oltre che lutti, perché erano stati incendiate le panetterie intestate a loro nipoti ma che il Cosimo sapeva essere di proprietà di MARINO Gennaro. Del resto la stessa abitazione di MECCHEI è stata oggetto di saccheggio in particolare furono rubati da quella casa diversi orologi marca ROLEX per un ammontare di circa un milione di euro. Voglio precisare che anche io riferivo al MANGANIELLO fatti significativi della faida della Sanità quali il comportamento a mio modo improvvido dei miei cugini MISSO Emiliano e MISSO Giuseppe come ho già riferito in altri miei interrogatori. Il MANGANIELLO era stato anche detenuto con TORINO Nicola, figlio di Salvatore anche egli un tempo affiliato al nostro clan. Quindi la conversazione era uno scambio di informazioni.

Ricordo anche che in questo periodo il CHIARIELLO raccontava della sua militanza a Melito nel gruppo di Federico BIZZARRO capo del clan vicino ai DI LAURO….OMISSIS…DOMANDA: Cosa le riferì CAFASSO Massimiliano per quanto riguardo l'inzio della faida e la costituzione del clan degli Scissionisti stante il ruolo di vertice del detto CAFASSO?

RISPOSTA: Voglio subito precisare che io non conoscevo il CAFASSO ma notai che il CHIARIELLO lo accolse in cella con particolare rispetto. Con noi era detenuto in quel periodo in cella anche ELEFANTE Antonio del clan D'ALESSANDRO.

Ricordo che all'inzio il CAFASSO era riservato, io del resto, per la vicinanza del CIPOLLETTA, scissionista di Secondigliano, legato al TORINO Salvatore oramai nostro nemico, ero egualmente diffidente nei confronti dei cosiddetti scissionisti di Secondigliano. Fu grazie ad Antonio ELEFANTE che introdusse l'argomento che tra noi si iniziò a parlare delle rispettive vicende criminali. In particolare Antonio Elefante non solo era il più anziano tra noi con un ruolo sicuramente di rilievo nell'ambiente criminale, quindi in considerazione di tale posizione mentre stavamo cenando rivolto al CAFASSO disse di conoscerlo in quanto questi aveva commesso una rapina a Castellammare con l'appoggio dei D'ALESSANDRO, per conto allora del DI LAURO. In particolare entrambi ricordavano che il CAFASSO aveva avuto appoggio proprio da Antonio ELEFANTE. A proposito delle rapine, quella di Castellammare aveva fruttato ben un miliardo di lire, il CAFASSO precisò che egli non faceva più tale reato perché in un'occasione era stato arrestato in flagranza e mentre era ammanettato un metronotte lo aveva ferito mentre si trovava in tale condizione.

Una volta rotto il ghiaccio, Antonio ELEFANTE che con i D'ALESSANDRO era legato da buoni rapporti con il clan DI LAURO introdusse l'argomento della faida dicendo a Massimiliano che forse sarebbe stato il caso di trovare un'intesa in quanto vi erano stati torti sia da una parte che dall'altra. Ed in questa occasione zio Antonio disse che dietro la faida di Scampia vi era anche una regia occulta ossia altri interessi provenienti da altre famiglie criminali di Secondigliano. Antonio ELEFANTE proseguendo nel suo ragionamento spese anche delle buone parole per Cosimo a quel punto CAFASSO reagì con forza dicendo che le cose non stavano proprio come si stava dicendo in quanto Cosimo aveva dato origine alla faida con l'omicidio di Gigino o luongo, che l'aveva proseguita dando ordine di uccidere persone assolutamente estranee ed innocenti come Gelsomina VERDE, il padre di MARINO Gennaro, il giovane che lavorava nel negozio di telefonia ed aveva anche ordinato di incendiare casa, esercizi commerciali, attività economiche riferibili a soggetti anche lontanamente vicini a scissionisti. Da questo momento in poi il CAFASSO si rese disponibile a parlare e ancor più quando in cella con noi sopraggiunse anche mio cugino Michelangelo MISSO con cui il CAFASSO entrò subito in confidenza. Da quel momento anche io dialogai con il CAFASSO delle rispettive faide ossia quella che aveva riguardato loro a Secondigliano e quella più recente che aveva interessato la Sanità.

DOMANDA: Quali argomenti affrontaste lei ed il CAFASSO?

RISPOSTA: Io chiesi conto al CAFASSO della posizione assunta dal CIPOLLETTA Salvatore, affiliato come detto al clan degli scissionisti, durante la faida della Sanità. Difatti dagli atti del procedimento relativo alla faida della Sanità noi avevamo appreso che vi era stato un diretto appoggio del CIPOLLLETTA al nostro rivale TORINO Salvatore difatti il CIPOLLETTA aveva consegnato delle armi al TORINO durante la faida. Ciò che io contestavo in qualche modo al CAFASSO era il diverso comportamento tenuto da loro durante la nostra faida rispetto a quello tenuto dal clan MISSO, proprio su mio consiglio e decisione, rispetto alla faida di Scampia. Il CAFASSO rispondeva dicendo che quella del CIPOLLETTA non era un'iniziativa da addebitare all'intero clan e soprattutto alle figure di vertice dello stesso tra cui egli si ascriveva in quanto egli diceva di sapere che noi MISSO non avevamo accolto le richieste di appoggio provenienti da Cosimo DI LAURO e che erano consistite in particolare nella richiesta di uccidere Antonio CARDONE, suocero di Gennaro MARINO, che viveva ai Miracoli e che gestiva un negozio di CD nella zona cd. Dell'Anticaglia e che voglio precisare è una bravissima persona che ha cresciuto tutti noi giovani MISSO. Inoltre i DI LAURO avevano saputo e per questo motivo chiedevano la testa di questa persona che il CARDONE aveva ospitato presso la sua abitazione ai Miracoli la figlia, moglie di Genni Mecchei, ed altre persone vicine al genero, ma non affiliati al clan. Il CAFASSO ribadiva di sapere della nostra attenzione a non appoggiare nessuna delle due fazioni in lotta ed anche di un mio chiarimento avvenuto alla presenza di TORINO Salvatore, CIPOLLETTA Salvatore e dei soggetti calabresi. Di tale riunione ho già riferito nei miei precedenti interrogatori.
In sintesi questa riunione servì a saggiare la effettività della mia posizione di neutralità rispetto alle due fazioni

in quanto l'incontro era l'ultimo degli episodi che io ascrivo ai protagonisti della faida per tentare di coinvolgere il clan MISSO e portarlo sulle posizioni di uno dei due contendenti.

Non vi è dubbio che i tentativi più insistenti vennero proprio da Cosimo DI LAURO che attraverso un nostro coinvolgimento in loro appoggio voleva ottenere il risultato anche indiretto di coinvolgere un clan della città di Napoli alleato ad altre famiglie camorristiche di spessore che insieme a noi gestivano e controllavano il centro di Napoli e la zona orientale della città; mi riferisco ai clan MAZZARELLA, DI BIASE, LEPRE, e SARNO. I tentativi di Cosimo avvenivano attraverso il cognato del nostro affiliato ESPOSITO Luigi detto o cinese che in più di un'occasione ci portò tali imbasciate a cui io feci rispondere sempre negativamente attraverso il nostro affiliato ROMAGNOLO Salvatore detto o zappatore. In un'altra occasione venne nella zone che noi definiamo dietro al monte, presso l'abitazione di Rita PIROZZI legata da vincoli di parentela ai nostri affiliati FRENNA e SEQUINO, vennero due affiliati al clan DI LAURO di cui al momento non ricordo i nomi; uno dei due venne a chiedere per conto di Cosimo il nostro aiuto giustificando tale richiesta con il recente omicidio del proprio padre avvenuto nella zona di San Giovanniello, zona controllata dai Contini. IN questa occasione essi fecero riferimento alla presenza sul nostro territorio di parenti di MARINO Gennaro a ciò io risposi che si trattava di persone estranee e che la nostra posizione rimaneva la stessa ossia di equidistanza, nel senso che militarmente non avremmo mai appoggiato nessuna delle due fazione ma che eravamo disponibili come facevamo a prendere droga dai DI LAURO trattandosi di affari e non di coinvolgimento nella faida ed al tempo stesso eravamo disponibile a svolgere una azione di pacificazione tra le due fazioni. A tale riunione oltre a me erano presenti anche: Nicola SEQUINO, Vincenzo TRONCONE. Mario SAVARESE e se non ricordo male FRENNA Maurizio ed altri nostri affiliati che al momento non ricordo. Vi fu poi un ultimo tentativo di avvicinamento attraverso un affiliato da tempo al nostro clan e vicino a mio zio, tale Giuseppe MACOR il quale avendomi detto di essere in rapporti di parentele con tale o CAVALLARO affiliato al clan DI LAURO che per conto di Cosimo aveva chiesto al MACOR di incontrarsi. Tale incontro era avvenuto ed in quella occasione Cosimo gli aveva detto che se vi fosse stato un nostro appoggio militare egli avrebbe finanziato il nostro clan versando nelle nostre casse una somma pari a dieci milioni di euro. Quindi il MACOR venne a casa mia a riferirmi tale proposta, a questi io ripetei innanzitutto che non eravamo dei mercenari e che, comunque con loro volevamo solo fare affari di droga ma non appoggiarli nella faida e chiesi al MACOR di dire al Cosimo che non più il caso di insistere. Il Cosimo mi ascoltò e comprese.

Il giorno dopo tale mio incontro con MACOR io andai presso l'abitazione di TORINO Salvatore ove io sapevo esserci anche CIPOLLETTA Salvatore. Quel giorno era presenta anche Nicolino DI FEBBRARO e TORINO Nicola. Alla presenza di tutti io riferì di quanto chiestomi da Cosimo e della mia risposta di modo che il CIPOLLETTA potesse riferire ai vertici degli scissionisti la posizione di neutralità del clan MISSO era stata mantenuta.

Il giorno dopo BENINATO Ciro venne da me mentre era presente a casa mia anche mio fratello Antonio; il BENINATO mi disse che era venute delle persone che chiedevano di parlarmi ed erano appoggiate a casa di TORINO Salvatore. Io dissi al BENINATO che li avrei incontrati nel basso dove io svolgevo normalmente gli incontri di affari per il clan.

Quando io giunsi nel basso vennero i due soggetti che si presentarono come affiliati alla 'ndrangheta ed in particolare ai MAMMOLITI, uno dei due, quello che parlava, si chiama Fulvio è alto, robusto e biondo di capelli, l'altro di cui non so il nome era più basso, tarchiato e bruno. Erano presenti anche TORINO Salvatore, CIPOLLETTA Salvatore e mio fratello Antonio. I calabresi si presentarono ed ebbero fiducia in forza della conoscenza che vi era tra loro e mio zio Giuseppe MISSI ed anche ricordarono con mio fratello che quando lui era stato codetenuto con mio zio a Sollicciano in quello stesso periodo erano detenuti in quel carcere anche dei capi del clan MAMMOLITI , tale zi Luca, clan come detto a cui i due soggetti erano affiliati. I calabresi mi dissero di apprezzare la mia posizione di equidistanza e di non appoggio a Cosimo DI LAURO dicendomi di essere dispiaciuti di quello che Cosimo stava facendo a MARONO Gennaro, che loro rispettavano e con cui avevano sempre avuto ottimi rapporti. Che loro non condividevano quello che stava facendo Cosimo nella faida come ad esempio fare uccidere delle donne innocenti, come era avvenuto appunto per Gelsomina VERDE. Io ribadii che concordavo su questo ultimo punto con loro, che anche noi per mano dei ...OMISSIS... avevamo subito l'omicidio di mia zia Assunta SARNO moglie di MISSI Giuseppe e quindi comprendevamo la il disappunto nel vedere uccidere delle donne durante una guerra di camorra per cui mai io avrei appoggiato un soggetto che dava mandato per uccidere delle donne. Che la mia posizione era quella di continuare a fare affari di droga con i DI LAURO e se del caso con gli scissionisti ma null'altro. Durante la conversazione i calabresi chiesero a CIPOLLETTA di allontanarsi. A conclusione del discorso furono loro a chiedermi se ero certo che questa sarebbe stata la effettiva posizione del clan MISSO; io ribadii che essendo una figura di vertice di detto clan che questa era sicuramente la posizione del mio clan. A questo punto furono loro a chiedermi se potevamo parlare riservatamente; ci allontanammo tutti e tre e ci mettemmo nell'androne del palazzo; loro mi proposero un passaggio di droga consistente in 800 chili di hashish e 20 chili di cocaina che avevano già portato a Roma. Al chè io ritenni di rispondere positivamente alla proposta ribedendo però che la persona che nel nostro clan si interessava di tale settore era il TORINO Salvatore e che era con lui che dovevano definire gli accordi di dettaglio. Io comunicai tale fatto al TORINO.

DOMANDA: Queste le premesse del suo discorso con il CAFASSO Massimiliano il quale a seguito di ciò le riferì particolari specifici rispetto a chi degli affiliati del clan DI LAURO era attribuibile la scissione e quali furono i motivi?

RISPOSTA: CAFASSO mi disse che Cosimo, rispetto al padre, voleva gestire in maniera assoluta il clan mettendo da parte gli stessi vertici che insieme al padre avevano costruito il detto clan e cioè, Papele e Marano, AMATO Lello che aveva fatto la fortuna del clan con il traffico di droga dalla Spagna, CHIAPPARIELLO, CHIAPPELLONE, anche lo stesso MARINO Gennaro, NOTTURNO Gennaro e gli altri soggetti che con lui erano stati arrestati durante la faida in un'abitazione a Secondigliano perché trovati in possesso di un ingente quantitativo di armi.. A questi soggetti va aggiunto anche il MIGLIACCIO detto a femminella. Che causa scatenanente è stata sicuramente l'uccisione di Giggino o Luongo a cui scampò lo stesso MARINO Gennaro. Il CAFASSO mi disse che nonostante tale omicidio i soggetti cui ho fatto riferimento erano ancora ben disposti verso Paolo DI LAURO pensando che lo stesso sarebbe direttamente intervenuto a fermare il figlio. Visto che ciò non avvenne e che anzi si temeva che

Cosimo potesse compiere altre azioni dirette ad eliminare taluni di questi soggetti e che comunque non perdeva occasione per porre in essere comportamento che evidenziavano la mancanza di rispetto nei confronti di soggetti che erano stati a capo del clan insieme al padre si decise da parte di costoro di dare una risposta forte con il duplice omicidio di MONTANINO. Difatti Fulvio MONTANINO era un giovane legato da stretti vincoli di amicizia con Cosimo volendo così mandare un segnale diretto a questi. CAFASSO mi riferì altresì che prima di colpire MONTANINO andarono in Spagna e precisamente a Barcellona con un Jet privato per ottenere l'appoggio dello stesso AMATO Raffaele. Questi non solo fu d'accordo ma lì incitò ad agire al più presto concordando con la scelta dell'obiettivo da colpire, ossia MONTANINO Fulvio...".

Appare evidente come tutte le dichiarazioni sin'ora esaminate fornisce una ricostruzione assolutamente sovrapponibile di quelle che furono le ragioni della faida e gli eventi omicidiari che diedero inizio alla fase cruenta della scontro.

E' di chiaro interesse investigativo appurare tali circostanze da soggetti che hanno militato in diversi gruppi e che tutti convergono sui fatti fondanti connotandoli con particolari diversi in forza della diversa appartenenza e del loro ruolo nei rispettivi sodalizi criminali.

Orbene, quanto detto depone a favore della loro intrinseca attendibilità per l'originalità e la novità delle circostanze riferite, mentre la loro assoluta sovrapponibilità contenutistica definisce l'aspetto della attendibilità obiettiva e, dunque, estrinseca.

RAFFAELE AMATO, IL NARCOS CHE COMANDAVA DALLA SPAGNA

Nel corso dei molteplici verbali di interrogatorio i collaboratori di giustizia le cui dichiarazioni sono esaminate nella presente richiesta hanno compiutamente delineato la figura di AMATO Raffaele ed appare utile, per la comprensione dei contenuti della presente ordinanza , riportarne sin da ora ed in sintensi, i brani che ne delineano il ruolo apicale, anche se nel corso di tutta la presente richiesta molteplici saranno i riferimenti probatori relativi al detto indagato, fondati anche sulle propalazioni dei collaboranti.

Deva evidenziarsi come le dichiarazioni in esame connotano non solo il ruolo di AMATO Raffaele nella sua attualità, ma necessariamente richiamano anche quello di PAGANO Cesare e dei loro più stretti congiunti confermando, così, quel sostrato familiare e familistico dell'organizzazione AMATO-PAGANO.

Tale modello, che si ispira ad altre organizzazioni, si pensi ad esempio alla 'ndrangheta con cui pure la detta organizzazione ha intessuto ed intesse rapporti illeciti relativi al traffico di droga, garantisce una maggiore stabilità ed impermeabilità della stessa quanto alle fibrillazioni interne ed a possibili scissioni che stanno martoriando i gruppi storici dell'area di Secondigliano. Di seguito si riportano i brani di interesse estrapolati dai verbali dei collaboratori di giustizia.

Quanto al ruolo ricoperto da AMATO Raffaele prima e durante la faida di Scampia, con particolare riguardo al suo appoggio logistico in territorio iberico, ancora illuminanti sono le dichiarazioni dei collaboratori.

Il DANESE Bruno nei verbali del 23.5.2006 e del 12.6.2006.

In particolare, questi, nell'interrogatorio del 23.5.2006 sul punto dichiara :

"...DOMANDA: Lei ha mai saputo in qualità di armiere da dove provenissero le armi poi utilizzate dal clan degli scissionisti sia nel corso della faida che dopo la stessa?

RISPOSTA: Ricordo che nel mese di febbraio del 2005 nel corso di uno degli incontri che io avevo con il CIPOLLETTA presso la casa del cognato anche per fare il rendiconto dele armi ancora in mia custodia io gli rappresentai di essre preoccupato in quanto le stesse stavano per finire. Egli mi rassicurò dicendo che stava per giungere un camion pieno di armi nuove. Quindici giorni dopo da quasto mio incontro con il CIPOLLETTA presso la mia abitazione di Mugnano venne un nostro affiliato che io conosco con il soprannome "SASAMEN", a cui ho già fatto riferimento in precedenti verbali e che sarei in grado di riconoscere in fotografia, mi consegnò 15 pistole munite di silenziatore e doppio caricatore calibro 9 ed avevano la seguente particolarità: che il guscio esterno era di plastica ed era molto leggera e maneggevole ed io pensavo fosse finta e lo rappresentai al SASAMEN. Questi subito mi rispose con tono arrabbiato e nervoso perchè mi ero permesso di fare quasi una critica e mi rispose dicendo; "ma stai pazziando; ma comm'è 'o zi Lell ce mann 'a robb ca nun 'è bone".

Io, vedendo la sua reazione, non mi sentii di rispondere altro perché intendevo fargli capire che non volevo in alcun modo di mancare di rispetto ad AMATO Lello.

 In quel periodo ricordo che l'AMATO Raffaele era in Spagna dove si rifugiò per tutto il periodo della faida fino a quando non è stato poi arrestato fuori al casinò sempre in Spagna.

Ricordo anche che SASAMEN in quella occasione mi consegnò una pistola molto particolare era una calibro 38 a 5 colpi con il manico in madreperla dicendomi che quest'arma era dello zio Lello che io non avrei dovuto consegnarla a nessuno tranne che allo stesso SASAMEN. Successivamente non so specificare il tempo, il CIPOLLETTA mi chiamò e mi disse di portargli proprio quella pistola. Essendo lui il mio capo e io non discutendo i suoi ordini, gliela consegnai. Pochi giorni dopo mi chiamò il CAIAZZA Ciro che mi convocò presso di lui dove io trovai anche il SASAMEN.

Questi mi disse di dargli l'arma dello Zio a questa richiesta, io in grande difficoltà risposi che a seguito di un preciso ordine l'avevo consegnata al mio capo CIPOLLETTA Salvatore e che era a lui che avrebbero dovuto girare la richiesta e chiedere spiegazioni. Loro di arrabbiarono molto ed io ho temuto che volessero picchiarmi, cosa che però non avvenne. Il di tale vicenda non ho saputo più nulla..." OMISSIS "...DOMANDA: In altre occasioni lei ha avuto notizia che le armi da lei custodite provenissero dalla Spagna?

RISPOSTA: Dopo 15-20 giorni dalla consegna fattami dal SASAMEN. il Ciro CAIAZZA mi consegnò altre armi nuove, si tratta di quei mitra sofisticati di cui ho parlato prima e nel mostrarmele il CAIAZZA mi disse se io le conoscessi e dalla mia risposta negativa mi disse che non erano armi reperibili in Italia, infatti venivano dalla Spagna, sul punto non aggiunse altro.

DOMANDA: Vi sono state altre occasioni in cui lei ha avuto notizia che le armi da lei custodite provenissero dalla Spagna?

RISPOSTA: Vi sono due episodi, entrambi avvenuti al termine della faida, in cui si è fatto riferimento alla provenienza dalla Spagna ed in particolare da Lello AMATO delle armi da noi usate sia nel corso della faida che successivamente. Nel primo di questi due episodi ricordo che eravamo io, GRANDELLI Maurizio detto "PAPERINO", il nipote di Lello AMATO che si chiama anche lui come lo zio AMATO Raffaele, Franco sparami in petto, da me già riconosciuto in fotografia (n.d.r. ESPOSITO Francesco, verbale del 09.04.2006) conversavamo del periodo della faida e vi fu una discussione tra il GRANDELLI Maurizio ed il nipote di AMATO Raffaele. Tale discussione verteva sulla vanteria del nipote di AMATO Raffaele il quale ci diceva di essere come lo zio ed il GRANDELLI che, viceversa, gli faceva notare come lo zio durante la faida non avesse partecipato con noi agli agguati ma si fosse rifugiato in Spagna. A tale osservazione il nipote di AMATO ribatteva che se non vi fosse stato il contributo fondamentale dell'AMATO Raffaele il quale, nel corso della faida, aveva sostenuto gli scissionisti fornendo le armi, i soldi per mantenersi ed anche la droga, questi non sarebbero mai stati in grado di sostenere la faida con i DI LAURO. Voglio precisare che una tale confidenza da parte del GRANDELLI si fondava su di un rapporto di stretta amicizia con il Lello AMATO, nipote dell'AMATO Raffaele, tant'è che questi aveva fatto intestare la sua SMART ed una moto XT ultimo tipo proprio al GRANDELLI essendo egli minorenne. Infatti una volta, di notte, l'AMATO è stato fermato sulla Smart ed il GRANDELLI si è dovuto recare sul posto in quanto proprietario dell'autovettura.

L'altro episodio è avvenuto nell'ottobre del 2005 presso l'abitazione di Franco, detto "anni 60" che sono in grado di riconoscere. Ricordo che con lui parlavo della nostra comune conoscenza del clan del Vomero facente capo ad ALFANO, CIMMINO, CAIAZZO, in quanto anch'egli era stato in precedenza affiliato a detto clan. La conversazione aveva ad oggetto il paragone che io gli proponevo circa la potenza di tale clan del Vomero rispetto a quello degli scissionisti. Questi mi disse che non si poteva fare alcun paragone in quanto gli scissionisti non contavano solo nella zona nord città di Napoli ed in alcuni comuni limitrofi ma aveva forte aderenze criminali anche in Spagna. Infatti grazie alla costate presenza dell'AMATO Raffaele in quel territorio egli non solo faceva giungere a noi le armi e la droga ma era riuscito a consolidare una sua posizione criminale anche in quel territorio.

DOMANDA: per quanto a sua conoscenza questi carichi di armi come potevano arrivare dalla Spagna in Italia?

RISPOSTA: sul punto non ho notizie dirette se non quella volta in cui il CIPOLLETTA, come ho poco prima detto, nel riferirmi che stavano giungendo delle armi nuove mi disse che "sta arrivando un camion pieno di armi".

Ancora dal verbale del 12.6.2006 del DANESE Bruno :
"...DOMANDA vuole precisare come è organizzato AMATO Raffaele in Spagna anche per l'invio della droga qui a Napoli

RISPOSTA come ho già detto nel verbale di maggio SASAMEN mi disse che il clan degli scissionisti esiste non solo qui a Napoli ma vi è una nostra organizzazione anche in Spagna. Difatti mi è stato detto che da diversi anni e cioè ancora prima della faida quando AMATO Raffaele, per conto di DI LAURO Paolo, si era trasferito in Spagna e da lì reperiva la droga da inviare qui a

Napoli. Successivamente, proprio per la faida, essendovi stata la scissione dei soggetti vicini ad AMATO Raffaele dal clan Di Lauro questi soggetti erano stati definiti "spagnoli" perché il loro capo si trovava spesso in Spagna e come ho già detto anche nel corso della faida egli si rifugiò in Spagna insieme ad altri affiliati a lui vicini. Oggi AMATO Raffele dispone di una organizzazione in Spagna composta non solo da napoletani che si trovano in quel territorio, ma anche da spagnoli e da soggetti appartenenti ad altre nazionalità, ad esempio algerini, tunisini ossia persone provenienti dal Nordafrica. Tale organizzazione è dedita in Spagna soprattutto al traffico di droga e di armi. Difatti come ho detto, durante la faida l'AMATO faceva venire dalla Spagna sia le armi che la droga. Tale attività avveniva anche quando la faida era terminata. Con la particolarità che durante la faida AMATO inviava più armi che droga, mentre dopo la faida si è invertita la quantità nel senso che si è ripreso un forte invio di droga mentre sono diminuite le armi che venivano dalla Spagna...".

LE VILLE HOLLYWOODIANE DEGLI SCISSIONISTI A MALAGA

Quanto alle dichiarazioni del PAROLISI Andrea nel verbale di interrogatorio del 19.12.2006 sul punto dichiara, anche con riguarda una situazione di attualità:

"... omissis... PAGANO Cesare ed AMATO Raffaele. I due si spostano spesso tra l'Italia e la Spagna, in particolare a Barcellona, qualche volta a Malaga, ed in altre zone della Costa del Sol ... omissis ... Giovedì scorso mi sono incontrato con PAGANO Cesare di fronte al cimitero di Mugnano nei pressi delle palazzine INA- CASA, che mi consegnò 10.000 euro come regalo di natale, oltre al mensile di 4000 euro che ho avuto ieri da PAGANO Domenico e AMATO Elio, fratello di AMATO Raffaele. PAGANO Domenico ed Amato Elio vanno in Spagna con una frequenza inferiore a quella di due capi anzidetti. Come dicevo, il PAGANO Cesare giovedì scorso mi diede 10.000 euro come regalo di natale. So che sabato scorso PAGANO Cesare è partito per la Spagna. Difatti voglio precisare che alle ore 9.30 di sabato mattina, mentre io facevo la vedetta ho visto arrivare la MERCEDES classe B di colore nero con la moglie di PAGANO Cesare, di cui non conosco il nome ed il cognome, ma che sarei in grado di riconoscere. La donna era in compagnia del nipote, PAGANO Carmine detto Angioletto. Su questa macchina è salito PAGANO Cesare. C'era un'altra macchina che l'accompagnava una AUDI RS con a bordo il figlio di AMATO Pietro, che si chiama anche lui Carmine, detto a Vechiarella, anche lui accompagnato dalla moglie e dai figli … omissis …. In particolare ricordo che dalla casa PAGANO Cesare scese insieme a CIPOLLETTA Salvatore e CAIAZZA Ciro, sotto, come vedette, c'eravamo io e FRASCOGNA Massimo. Fu Salvatore CIPOLLETTA detto Bombolone a dirmi che quella donna in macchina con il nipote di AMATO Raffaele, Carmine a Vicchiarella, era la moglie. Se mi viene mostrata una sua foto sarei in grado di riconoscerla. Fu lo stesso PAGANO, a dirmi verso il mercoledì della settima scorsa se ne sarebbe andato in Spagna e si raccomandò. Difatti O'Lello è stato quindici giorni consecutivamente in un appartamento che hanno preso in fitto per due mesi per 5000 euro in queste palazzine INA-CASA … omissis… AMATO Raffaele è stato qui per quindici giorni, e secondo me è partito ieri sera, prima che venisse fatto l'agguato di oggi. Per certo io l'ho incontrato ieri sera e mi ha mandato a controllare le macchine (nuove, non blindate) di cui il clan dispone e custodisce in un garage vicino al bivio di Mugnano, che sarei in grado di indicare …".

Ancora dal verbale di interrogatorio del PAROLISI Andrea, reso in data 1.2.2006 egli riferisce ancora come sia attuale il rapporto, che si può definire logistico – criminale, con la Spagna a da parte del gruppo AMATO-PAGANO:

" … DOMANDA : Sapevate chi del gruppo degli scissionisti e dove reperiva la cocaina?

RISPOSTA : So perché ce lo dicevano che la droga

veniva dalla Spagna e allo stesso modo sapevamo che in tale paese si recavano spesso AMATO Elio e PAGANO Domenico fratello di Cesare. Anche AMATO Carmine detto A' Vicchiarella si recava in Spagna. Per quanto riguarda i traffici illeciti la città di riferimento in Spagna è Barcellona, mentre so per certo che anche per motivi di vacanza tutta la famiglia AMATO e PAGANO, ma anche le persone a loro più vicine come CALZONE Rito, CARRIOLA Lucio e tale "Cafone" si portano presso la città di Malaga. So che in quella zona della Costa del Sol hanno a loro disposizione delle ville holliwoodiane, ossia molto ricche in particolare lì staziona Domenico PAGANO. Voglio precisare che in via Cicerone ho visto anche CIPOLLETTA Salvatore…".

IL CHIMICO DI FIDUCIA DEL BOSS PER TAGLIARE LA COCA IN AFRICA

Nel verbale del PIANA Giovanni del 20.2.2008 viene delineata la specifica figura di AMATO quale trafficante internazionale di droga, ma anche quale fornitore della sostanza stupefacente da lui trattata in maniera privilegiata, ossia la cocaina, a tutta la camorra di Secondigliano.

Inoltre il collaboratore spiega nel dettaglio le differenze delle modalità di gestione dello stupefacente quanto al rifornimento a Secondigliano nel periodo in cui AMATO svolgeva tale attività per il clan DI LAURO e quando egli l'ha svolta e la svolge in proprio quale capo dell'omonimo clan.

Infine, e per la prima volta, sappiamo cosa materialmente il capo clan DI LAURO Paolo ha chiesto di fare al suo delfino che ha eseguito gli ordini correndo seri rischi di vita ed al tempo stesso acquisendo credibilità e conoscenza nel sistema del traffico internazionale dello stupefacente tanto da consentirgi di poter gestire in proprio tale settore, anche senza la copertura di un capo conosciuto, quale Paolo DI

LAURO. Quindi tale brano di verbale pur parlando di droga, ossia l'essenza strutturale dei clan di Secondigliano, delineana i rapporti di potere e le ragioni della faida in uno con il ruolo dell' AMATO.

Dal verbale del 20.2.2008 :

"...DOMANDA: Ci vuole descrivere quanto è a sua conoscenza in ordine alle modalità con cui AMATO Raffaele gestisce il traffico internazione di stupefacenti in Spagna, riferendo quanto lei ha potuto apprendere anche per diretta conoscenza.

RISPOSTA: Voglio precisare che quando io mi recavo in Spagna per acquistare quantitativi di sostanza stupefacente mi recavo in una località dove noi ABBINANTE eravamo soliti appoggiarci che si chiama SABATER e si trova a Nord della Spagna un po' prima della città di Barcellona. Quando io mi trovavo a Sabater dove venivano i trafficanti marocchini a contrattare o a portarci l'hashish mi dissero che poco distante da quel paese e precisamente a COL DE FEZ vi era un altro gruppo di napoletani tra cui vi era un soggetto chiamato O LELLO che trafficava in cocaina. Questi marocchini conoscevano i personaggi napoletani perché erano proprietari di una discoteca a Barcellona dove questo gruppo di napoletani era solito recarsi. Questi marocchini, nel senso cittadini del Marocco, avevano anche altri amici sempre del Marocco che in Spagna trafficavano cocaina e che per fornirsi di tale tipo di droga per poi spacciarla in Spagna si rifornivano proprio da questo Lello, io capii che si trattava di AMATO Raffaele. Però non l'ho mai incontrato in Spagna. In Italia e precisamente a Mugnano l'ho visto in una sola occasione.

A.D.R. ABETE, MARINO ci dicevano che AMATO svolgeva effettivamente quest'attività indicandoci genericamente la zona di Barcellona. Essi poi dicevano che la cocaina proveniva direttamente dal Sud America.

Loro mi spiegarono che il Lello aveva un contatto diretto con più di un trafficante colombiano il quale si incaricava di portare la droga non raffinata prima in Africa e poi dall'Africa arrivava in Spagna. Mi pare che mi dissero che dall'Africa la droga sbarcasse sulle coste di TENERIFE e poi via sempre dal mare arrivava sulle coste di BARCELLONA. Non conosco i quantitativi che dal Sud America arrivavano in Spagna ma posso poi specificare quelli che dalla Spagna arrivavano qui da noi.

Intanto voglio specificare che la droga una volta giunta a Barcellona veniva presa e messa in un deposito dove veniva raffinata da un chimico, ossia da un tecnico laureato che rendeva la cocaina poi utilizzabile al dettaglio. Il motivo per cui Raffaele AMATO aveva trovato il canale di approvvigionamento diretto dal Sud America e poi provvedeva direttamente al taglio della sostanza era per abbattere i costi di intermediazione difatti lui praticava dei prezzi molti più competitivi sui mercati internazionali e nazionali rispetto ad altri trafficanti.

A.D.R.   Difatti è capitato in concreto al clan ABBINANTE di acquistare dall'AMATO trenta chili di cocaina che l'AMATO ci faceva recapitare direttamente a Napoli vendendocela 16.000 euro al chilo, mentre se noi l'avessimo dovuta comprare da altro trafficante in Spagna l'avremmo pagata 27 mila-28 mila euro al chilo con l'aggiunta dei costi e dei rischi del trasporto a Napoli. L'AMATO forniva dunque un buon servizio a chiunque volesse sul nostro territorio trafficare cocaina.

Anzi dopo la faida egli consentiva a tutti i gruppi di Secondigliano di approvvigionarsi a tali prezzi competitivi della droga, mentre prima questo servizio lo forniva solo ai DI LAURO. Pertanto la scissione aveva portato benefici economici a tutti.

A.D.R. I quantitativi di droga dalla Spagna vengono per

trasporti di non meno 2 mila chili per volta che vengono trasportati a cura di gente fidata di AMATO. Noi per prenderci la droga che abbiamo acquistato veniamo avvertiti da una persona di AMATO e senza preavviso la seguiamo con una macchina predisposta per occultare lo stupefacente senza neppure sapere il luogo dove si deve andare. Questo per rendere difficile che le Forze dell'Ordine possano individuare dove è appoggiato lo stupefacente.

A.D.R.: Ad esempio 100 chili venivano dati alla piazza di zio Paolo, 100 chili per le piazze di NOTTURNO, 50-60 chili a BASTONE, gli ABBINANTE una cinquantina di chili, 100 chili ai PRESTIERI, 40 chili ai nipoti di PARIANTE, 500 chili ai LO RUSSO. Non veniva venduta ai LICCIARDI ed ai CONTINI, cioè voglio dire che AMATO forniva di droga la camorra di Secondigliano che l'aveva appoggiato durante la faida, e tra i clan che non facevano parte del gruppo DI LAURO, avevano stretto un rapporto solo con i LO RUSSO. Questo perché anche durante la faida Totore Capitone aveva avuto anche da Paolo DI LAURO la richiesta dal LO RUSSO accolta di essere un canale attraverso cui anche in piena guerra i due gruppi opposti si potevano parlare. La scelta fu accolta anche da Raffaele AMATO questo perché il LO RUSSO aveva buoni rapporti con Paolo DI LAURO migliori di quelli che questi aveva con i LICCIARDI ed i CONTINI. Infatti quando vi erano stati degli screzi tra LO RUSSO e la MASSERIA il DI LAURO aveva fatto a sua volta da mediatore.

AMATO forniva la droga anche a TORINO della Sanità per una quantità di venti chili. Omissis".

In questo brano si delinea anche il ruolo dei LO RUSSO durante la faida ed il rapporto privilegiato che con questo gruppo camorristico intrattiene il clan AMATO-PAGANO.

Proseguendo nella lettura dello stesso verbale si conosce un altro dato di interesse che ben si inteseca su quanto sin'ora appreso in ordine al ruolo di AMATO Raffaele.
"..DOMANDA: come aveva conosciuto Amato i fornitori colombiani?
RISPOSTA: nel 1994, 1995 so che Paolo DI LAURO diede incarico ad AMATO Raffaele di rivolgersi direttamente in Colombia per acquistare la cocaina. Il contatto con il colombiano era stato fatto dallo stesso AMATO Raffaele in Spagna, visto che al tempo lui faceva droga per conto di DI LAURO insieme a gente di Casoria e di Casavatore. Questo colombiano gli fece conoscere altri soggetti in sud America, i quali per fornire di droga il DI LAURO, durante la trattativa e sino all'avvenuta consegna dei soldi provenienti dal DI LAURO, l'AMATO Raffaele era rimasto nelle mani dei trafficanti colombiani a garanzia dell'affare. Questi ultimi vista l'affidabilità dei DI LAURO e dello stesso AMATO avevano poi intrapresi consuetudinari rapporti con questi soggetti per affari di droga senza bisogno ogni volta l'AMATO fosse dato fisicamente a garanzia dell'affare. Recentemente l'AMATO ha in Spagna ha i contatti con i suoi appoggi colombiani.".

IL DOPPIOGIOCO DEI LORUSSO
PER FAVORIRE GLI SCISSIONISTI

Anche MISSO Giuseppe nel verbale dell'8.6.2007 riferisce circostanze di interesse sul punto:
"...DOMANDA: Riprendiamo il discorso intorno il ruolo di AMATO durante la faida. RISPOSTA: Voglio precisare che proprio nella fase più cruenta della faida io ero libero infatti fui scarcerato nel settembre 2004. Ricordo infatti che l'episodio che è da tutti noi camorristi ritenuto quello che ha dato inizio alla fase cruenta della fase ossia l'omicidio di MONTANINO Fulvio e di altra persona, mi sembra suo parente. Voglio precisare come ho già detto che sono in grado di riferire particolari in ordine a questo e ad altri omicidi della faida e mi riservo di riferire tali circostanze. Ora intendo ritornare all'argomento della sua domanda, che era il ruolo dell'AMATO. Per quanto riguarda la faida di Scampia voglio dire che le notizie le ho apprese per il periodo in cui ero detenuto da mio cugino Michelangelo MAZZA, nostro referente in quel periodo, e successivamente alla mia scarcerazione direttamente anche dalla viva voce di un affiliato del clan LO RUSSO

che ... OMISSIS ... il quale conosce e riferisce nei riservati circuiti della camorra notizie di interesse per i clan in relazione agli equilibri criminali della nostra città. Inoltre avevamo anche tra i nostri affiliati all'epoca una figura apicale quale quella di TORINO Salvatore originariamente affiliato al clan LO RUSSO, poi a quello di Ettore SABATINO ed infine al nostro prima della faida della Sanità. Nel senso che TORINO provenendo dalla zona di Secondigliano aveva buoni rapporti con il gruppo che si stava scindendo dal clan DI LAURO, fazione questa sempre sostenuta, anche durante la faida di Scampia da Salvatore LO RUSSO, il quale solo apparentemente è stato il garante della pace a Secondigliano ma di fatto ha garantito la supremazia degli scissionisti che continua ancora oggi con gli ultimi omicidi PICA e CARDILLO. Difatti entrambi questi soggetti sono a me personalmente noti come affiliati di spicco del clan DI LAURO che sono rimasti fedeli a questo gruppo anche a termine della faida. In particolare il PICA gestiva per contro dei DI LAURO l'importante piazza del Terzo Mondo ossia il Rione dei Fiori ... OMISSIS.... Ritornando alla faida del 2004 ribadisco che appena il DI LAURO è divenuto latitante e al suo posto è subentrato il figlio Cosimo, questi è subito entrato in contrasto con Raffaele AMATO. Nel senso che Paolo DI LAURO fece sapere a tutti i personaggi di spicco del suo clan che lui non si voleva più interessare dell'aspetto criminale dell'organizzazione,delegandolo completamente ai figli, ai quali però tutti gli affiliati di spicco avrebbero dovuto fornire delle quote. Quando subentrò Cosimo pretese delle quote esose a parere di soggetti che gestivano insieme al padre il clan da più 30 anni ed in particolare mi riferisco a: AMATO Raffaele, i suoi fratelli, il cognato PAGANO Cesare con i suoi nipoti o fratelli non so bene Carmine, Vincenzo ed Antonio, Gennaro MARINO, i fratelli NOTTURNO

Raffaele, Vincenzo detto Vettorio, Gennaro, ABETE Arcangelo, ABINANTE Raffaele detto Papele e Marano suo fratello di cui al momento non ricordo il nome ed il figlio del Papele, Rosario PARIANTE detto Chiapparello, Salvatore BRITTI che è stato in carcere con me a Poggioreale al padiglione Palermo, il fratello di PARIANTE Salvatore ossia Vincenzo che non so se sono in grado di riconoscere, CIPOLLETTA Salvatore, MIGLIACCIO Giacomino detto a femminella, da cui ho ricevuto da lui personalmente due o tre partite di droga, a tale affare ha partecipato anche CASTRESE Salvatore, altra persona transitata dai DI LAURO agli scissionisti è DI GIROLAMO Salvatore detto "o niro". Molte di queste persone sono in grado di riconoscerle ma come sono in grado di riconoscere altre persone affiliate al clan degli scissionisti, perché successivamente alla fine della faida hanno accompagnato presso di noi sia il PAGANO Cesare in quell'unica occasione di cui ho riferito che nelle diverse occasioni in cui è venuto il CIPOLLETTA Salvatore. All''AMATO Raffaele fu intimato da Cosimo di abbandonare proprio il territorio di Napoli facendo intendere che l'avrebbe ucciso se non l'avesse fatto e che egli non si motivava a tale gesto per rispetto del padre Paolo che sapeva avere grande affetto nei confronti di AMATO che per suo conto gestiva i canali di approvvigionamento di droga dalla Spagna dove confluiva anche quella proveniente dal Sud America. L'AMATO fece buon viso a cattivo gioco e si allontanò. Dalla Spagna si mise in contatto con i capi poc'anzi indicati facendo leva sull'irragionevolezza del Cosimo. Egli riuscì a portare dalla sua parte queste persone che non sopportavano di essere comandate da un giovane posso dire questo che è la stessa cosa che è capitato all'interno del nostro clan e da cui poi è scaturita la cosiddetta faida della Sanità.

La strategia dell'AMATO ebbe vita facile anche in conseguenza del comportamento tenuto dal Cosimo sin da quel lontano 2002 nel senso che lui stante la sua giovane età non comprese che avrebbe dovuto parlare con questi anziani e mediare con loro visto che egli aveva desiderio, a differenza del padre che voleva coltivare solo l'aspetto del riciclaggio e quindi dell'investimento delle ingenti ricchezze provento di droga, anche e soprattutto l'aspetto militare del clan egemone a Secondigliano. Egli cioè voleva essere un capo indiscusso e non come aveva fatto il padre quella persona che aveva consentito ad altri malavitosi di gestire autonomamente porzioni di territorio controllate dal clan DI LAURO. In particolare tale strategia emerse con chiarezza con l'omicidio di tale ALIBERTI Luigi detto Giggino o Luongo cognato di ABBATIELLO Paolo elemento di spicco del clan LICCIARDI. Tale omicidio fu commesso da Ugo DE LUCIA e da Fulvio MONTANINO. Ciò mi è stato riferito recentemente in carcere da MEOLA Arturo e MARIGLIANO Salvatore i quali mi hanno spiegato anche il motivo dell'omicidio del quale fu mandante Cosimo ossia la necessità di far subentrare nella gestione della Piazza controllata da ALIBERTI, poi controllata da MONTANINO Fulvio. Mi sembra ma non ne sono certo che la piazza fosse quella delle Vele gialle o blu. Essi mi hanno anche detto che AMATO Raffaele utilizzò tale omicidio per convincere definitivamente gli altri soggetti della necessità della scissione paventando il fatto che si correva il rischio da parte loro di fare la stessa fine di ALIBERTI per mano dei killer di Cosimo. Quindi essi decisero che era il tempo di agire con un'azione eclatante che fu l'omicidio di MONTANINO Fulvio, persona di fiducia di Cosimo DI LAURO i cui esecutori materiali furono come ho detto Genny MEKKEI, ABETE Arcangelo e Vincenzo NOTTURNO detto

Vector. Ciò mi è stato riferito sia dai soggetti di cui sopra (MEOLA e MARIGLIANO) che dal detto omissis. Inoltre Arturo MEOLA mi ha detto che in quelle occasioni i tre autori dell'omicidio MONTANINO si misero in contatto andando da Cosimo facendogli credere che l'omicidio fosse opera della MASSERIA CARDONE ossia del clan LICCIARDI. Cosimo era anche propenso a credere a tale versione, ma omissis. Fu dunque a questo punto che si scatenò la cruenta risposta di Cosimo che diede il via alla faida che vide morire sotto i colpi dei suoi killer soprattutto parenti familiari, amici dei capi scissionisti. In particolare tra i più colpiti vi sono: la famiglia MARINO, quella di MIGLIACCIO Giacomo, quella di ABINANTE Raffaele, anche qualche parente alla lontana di AMATO Raffaele. Inoltre vennero distrutte le loro case ed i loro beni. So per certo tutti loro gioirono allorquando fu catturato Cosimo DI LAURO. Pertanto ben si comprende il desiderio degli scissionisti che anche in questi giorni si sta compiendo attraverso un'accorta strategia suggerita dallo stesso Salvatore LO RUSSO di espugnare tutte le poche piazze di droga rimaste ai DI LAURO dopo la pace.

Infine voglio riferire anche come dato di esperienza personale oltre che come circostanza da me appresa che per accreditarsi quale capo di un clan egemone occorre avere non solo capacità organizzative ma anche aver mostrato materialmente degli omicidi; cosa questa che Cosimo non ha mai fatto limitandosi solo a dare ordine per la commissione di omicidi, mentre AMATO Raffaele aveva entrambi i requisiti avendo commesso per conto di Paolo DI LAURO diversi omicidi tra cui ora mi sovviene quello in danno omissis ."

LA RIUNIONE TRA LE COSCHE
PER SIGLARE LA PACE A SCAMPIA

Sin d'ora si evidenzia che le indagini hanno accertato che la faida di Scampia ha sancito la prevalenza dell'alleanza scissionista che, nel tempo, si è sempre più strutturata attorno all'asse, anche familiare, degli AMATO-PAGANO.

Tale assetto veniva agevolato dalla detenzione, per alcuni, tuttora perdurante, delle figure di spicco del clan DI LAURO quali i fratelli ABBINANTE Raffele e Guido ed   il nipote Francesco, il PARIANTE Rosario, il MARINO Gennaro, l' ABETE Arcangelo, il VALENTINO Arcangelo, soggetti di chiaro carisma criminale che, durante la faida, avevano deciso di opporsi ai figli dei DI LAURO; o ad altri, come i PRESTIERI, che solo dopo la faida si sono avvicinati all' AMATO.

Tale situazione ha indubbiamente favorito il rafforzamento del duopolio AMATO-PAGANO, supportato, nella gestione, da altri soggetti loro fedeli alleati perché allontanatisi dal clan DI LAURO sin dai tempi della faida.

La ricostruzione del DANESE Bruno.

Si inizia dal verbale del 13.12.2005, quello con cui DANESE inizia la sua collaborazione con la giustizia nel quale si legge : "…Ho saputo, credo nell'ottobre 2005, da un affiliato al clan degli scissionisti, tale Davide (n.d.r. FRANCESCONE Davide), che sarei in grado di riconoscere pur non conoscendone il cognome, che la faida era finita e che tale decisione era stata presa nel corso di una riunione a cui avevano partecipato vari gruppi criminali quali gli SCISSIONISTI , i DI LAURO, i PRESTIERI, i LO RUSSO , i FABBROCINO, e che tale decisione era stata presa in conseguenza degli arresti numerosi che vi erano stati nei mesi precedenti che avevano colpito le organizzazioni, indebolendole e che pertanto era più opportuno porre fine alla faida. Alla riunione parteciparono anche clan che non avevano preso parte alla faida per garantire che l'accordo tra gli Scissionisti ed i Di Lauro sarebbe stato mantenuto…".
Ancora dal verbale del 13.2.2006
"… DOMANDA è a conoscenza delle ragioni per cui la faida tra i clan DI LAURO e "scissionisti" è terminata?
RISPOSTA: non ricordo quando ma mi è stato riferito da CAIAZZA Ciro che si tenne una riunione nel quartiere dei "Capitoni" (ossia il clan Lo Russo) che opera nel quartiere di Miano. A questa riunione parteciparono persone al vertice dei seguenti clan cammorristici : scissionisti, clan Di Lauro, i Capitone (lo Russo), i Prestieri, i Fabbrocino alleati dei Prestiero. In questa riunione decisero di fermare la guerra perché erano state arrestate molte persone. Inoltre mi disse il CAIAZZA che essendo chiaro

oramai che gli scissionisti erano più forti era inutile continuare la guerra.

Degli scissionisti alla riunione era presente CIPOLLETTA Salvatore, PAGANO Cesare, Angelo od Angioletto mi sembra ABETE Angelo e Carmine "a Vicchierella".

Degli atri gruppi CAIAZZA non mi disse chi erano i presenti. CAIAZZA mi parlò di questa riunione nei mesi tra marzo ed aprile 2005. DOMANDA si tratta dei FABBROCINO del vesuviano? RISPOSTA no si tratta di quelli, alleati con i PRESTIERI, che allo stato controllano la zona di Secodigliano verso la 167. DOMANDA CAIAZZA le spiegò perché erano presenti altrui gruppi camorristici della zona? RISPOSTA lui non me lo spiegò ma per quella che è la mia esperienza di affiliato ad organizzazioni camorristiche è buona norma che all'atto di una pace o tregua siano presenti quali testimoni e garanti soggetti esterni allo scontro.

Nel verbale del 14.2.2006 specifica la divisione dei territori dopo la tregua : "... A.D.R.: Mi chiedete di riferire quanto è di mia conoscenza in ordine alla attuale situazione delle organizzazioni camorristiche nelle zone originariamente controllate dal clan Di Lauro dopo la conclusione della faida tra il detto gruppo e quello degli "scissionisti" e se la posizione dei due gruppi sia attualmente paritetica: Intendo precisare che la mia affermazione secondo cui al termine della faida di Secondigliano erano gli scissionisti il gruppo vincente si fonda su un dato obiettivo che riguarda il controllo di un maggiore ambito territoriale da parte di questo gruppo rispetto a quello del clan Di Lauro. Tali circostanze mi sono state riferite da Salvatore CIPOLLETTA quando questi al termine della faida mi comunicò che era sua intenzione di farmi acquisire un ruolo di maggiore rilievo nell'ambito dell'organizzazione proprio in ragione del modo in cui avevo svolto durante la faida il ruolo sicuramente delicato di soggetto che custodiva le armi. Quindi il CIPOLLETTA Salvatore mi disse che voleva che io mi trasferissi a Melito, dove come ho specificato in precedenza risiedevano i personaggi di rilievo del clan quali lo stesso CIPOLLETTA Salvatore e PAGANO Cesare, affinché io li affiancassi in tutte le attività criminali del clan non avendo più un solo e specifico ruolo come in precedenza In ragione di tale diversa posizione egli mi indicò le zone controllate dal nostro gruppo dicendomi che nostri uomini controllavano i seguenti Comuni: Casavatore, Melito, Mugnano, mentre per quanto riguarda il quartiere di Secondigliano sotto il nostro controllo vi era una zona della 167 dove insiste un locale chiamato chalet. In ordine a tale locale il CIPOLLETTA Salvatore mi disse che questa zona ossia alcune piazze attorno a questo locale erano controllate da un nostro affiliato chiamato "vector" quale soprannome e mi pare di cognome VOLTURNO, o NOTTURNO o qualcosa di simile e con lui collabora a tale attività illecita un altro soggetto a me noto come "Frizione"

Nel successivo verbale del 22.3.2006 specifica ancora la distribuzione del territorio controllato

specificando le condizioni della tregua, come gli episodi di sconfinamento e relative conseguenze :
"… RISPOSTA: voglio precisare che nonostante la pace fatta tra i due gruppi, Scissionisti e DI LAURO, protagonisti della faida di cui ho ampiamente parlato nei precedenti verbali, per noi i Di LAURO ed i gruppi a loro fedeli rimanevano degli avversari. Ciò significa che ognuno di noi doveva rimanere a gestire le zone assegnate all'indomani della tregua e qualsiasi sconfinamento sarebbe stato punito anche con la morte. Questo per noi scissionisti era chiarissimo e non avremmo permesso a nessun affiliato o a nessuno dei loro alleati di sconfinare dalle zone loro assegnate.

DOMANDA: la zona assegnata a NOTTURNO Enzo da lei indicata, nello scorso verbale del 14/02/2006, come una zona all'interno della 167 e precisamente alcune piazze intorno al locale "chalet BAKÙ" è vicina a quella gestita dai FABBROCINO e dai PRESTIERI? RISPOSTA: si!

… OMISSIS … RISPOSTA: voglio precisare che queste notizie relative alla distribuzione del controllo del territorio tra noi, i DI LAURO ed i loro alleati, dopo la tregua erano notizie che mi venivano fornite dal CIPOLLETTA Salvatore, in quanto io non mi sono mai fisicamente spostato sulla zona di Secondigliano- Scampia. Ma erano gli scissionisti di quel quartiere che venivano da noi a Melito. Ciò accadeva anche prima che a Melito si insediasse PAGANO Cesare, in quanto poi era CIPOLLETTA che da Melito informava PAGANO che in un primo tempo era fisso nella zona di Casavatore. Pertanto non conosco con precisione i confini tra le zone assegnate dopo la tregua, ma posso dire in linea generale che erano vicine per quella che è la mia conoscenza di cittadino napoletano.

DOMANDA: per quanto a sua conoscenza nel periodo che va dalla c.d. tregua databile all'aprile del 2005 sino al dicembre 2005, periodo in cui lei ha iniziato a collaborare con la giustizia, vi è stato qualche episodio di sconfinamento o di fibrillazione tra il suo gruppo e quello dei DI LAURO?

RISPOSTA: ricordo che nel settembre 2005 NOTTURNO venne da CIPOLLETTA a Melito, il NOTTRUNRO era molto agitato. Ricordo che venne da solo a bordo di un maxi scooter e si fermò sotto la casa in uso a CIPOLETTA in via Cicerone. Ricordo che in quella occasione io insieme a CAIAZZA Ciro e FRANCO ANNI 60, ci intrattenevamo nei pressi dello stabile e vedendo arrivare NOTTURNO ci avvicinammo a lui per salutarlo e questi, molto nervoso, non si intrattenne con noi, ci chiese dove si trovasse Salvatore CPIOLLETTA perché voleva parlargli. In particolare Ciro CAIAZZA gli chiese perché fosse tanto nervoso e ricordo che il NOTTURNO, inteso Vector, disse: "mo basta, l'amma schiattà 'a capa". Al momento io non compresi di cosa si trattasse. Quindi il NOTTURNO si recò a casa di CIPOLLETTA Salvatore, mentre noi rimanemmo innanzi lo stabile. Trascorse circa un'ora, nel frattempo io vidi arrivare tutti i ragazzi del nostro gruppo di fuoco di cui ho già parlato nei pregressi interrogatori, ma che qui ribadisco essere: DAVIDE, GENNARO, Antonio CAIAZZA figlio di Ciro, per cui capii che qualcosa stava per succedere. Di fatti quando scesero dalla casa il NOTTURNO ed il CIPOLETTA, quest'ultimo ci disse di andare a prendere le macchine con il "sistema" in un garage di Mugnano di cui ho già parlato, e di predisporre delle armi che si trovavano in parte presso l'abitazione della donna dove in seguito alla mia indicazione nel dicembre sono state sequestrate diverse armi ed altre armi fu detto al CAIAZZA Ciro di andarle a reperire, ciò in quanto, come già da me precisato, anch'egli svolgeva il ruolo di armiere. Il CIPOLLETTA ci disse di approntare queste cose e di tenerci pronti perché dovevamo agire, ossia dovevamo compiere qualche agguato, senza spiegare l'obiettivo e le motivazioni. Intanto il NOTTURNO ed il CIPOLLETTA si recarono a Casavatore dal PAGANO. Tale circostanza è a mia conoscenza con certezza in quanto il CIPOLLETTA dopo aver impartito gli ordini al CAIAZZA ed a me ci disse che lui sarebbe andato con NOTTURNO a parlare con lo zio. Noi aspettammo sino alle due di notte. Alle due ritornò CIPOLLETTA da solo senza il NOTTURNO e verificò che noi avessimo approntato le macchine e le armi, dopo di ché ci disse che dovevamo fare dei turni tra chi rimaneva a presidiare le armi e le macchine e chi si andava a riposare perché stavamo aspettando l'arrivo di una persona che ci doveva essere consegnata e che noi dovevamo uccidere. A quel punto ricordo che o DAVIDE, (ndr. l'ufficio dà atto che nel verbale d'interrogatorio del 13/02/2006 il Danese ha riconosciuto nella persona intesa DAVIDE il soggetto identificato come

FRANCESCONE Davide; foto n. 12 album nota del 22/12/2005), o Antonio CAIAZZA dissero: "speriamo che questi scornacchiati dei FABBROCINO ci portano questa persona così andiamo tutti a casa". Io quella sera andai a casa. Il giorno dopo cercai di avere notizie più precise perché vedevo il CIPOLLETTA molto nervoso e temevo che si riprendesse la faida. Per cui chiesi notizie a FRANCO anni sessanta che era rimasto in via Cicerone. Questi mi disse che noi avevamo dato un termine per consegnarci quella persona di cui io non conosco l'identità e che il FRANCO non mi identificò ed in caso negativo avremmo ripreso la guerra con i DI LAURO ed i loro alleati, nel caso di specie i FABBROCINO. Nei giorni successivi ricordo che il CIPOLLETTA mentre era insieme a Ciro CAIAZZA mi disse di acquistare dieci sacchi di segatura, del cellophane e dello scotch da imballaggio e di riporre tutto nel garage sotto il quartier generale di via Cicerone. Io compresi, dopo le parole di FRANCO anni sessanta che quel materiale doveva servire per avvolgere il corpo della vittima, pertanto acquistai otto metri di cellophane. Non so dire, perché non è a mia conoscenza, se questa persona ci sia stata consegnata e sia stata uccisa. Però ricordo che un paio di gironi dopo aver riposto il materiale nel garage per curiosità andai a controllare e non vi era più nulla di quello che io avevo acquistato. Allo stesso modo posso dire che non abbiamo compiuto alcun agguato mortale nei confronti di appartenenti al clan DI LAURO o loro alleati, quali i FABBROCINO. Ricordo ancora che un po' di tempo dopo tali fatti, quando le acque si erano calmate ed io vedevo il CIPOLLETTA non più teso e nervoso chiesi al CAIAZZA Ciro quale era stato il motivo di tutta quella agitazione e finalmente da questi venni a sapere le cose come erano andate. Nel senso che quel giorno il NOTTURNO era venuto da CIPOLLETTA per dirgli che un affiliato al clan Fabbrocino gli aveva fatto una grossa offesa, in quanto aveva guardato la moglie del NOTTURNO e pertanto questi voleva soddisfazione. Per questo si recarono dal PAGANO Cesare per avere il consenso a potersi muovere ossia a poter colpire l'autore dello sgarro. A seguito di ciò i vertici del clan decisero di mandare una "ambasciata" ai FABBROCINO, ossia: se loro ci avessero consegnato l'autore dello sgarro noi non avremmo colpito militarmente il clan dei FABBROCINO.

DOMANDA: lei non chiese se fosse stata consegnata la persona dai FABBROCINO?

RISPOSTA: non chiesi perché sapevo che mentre era legittimo da parte mia, per il ruolo che ricoprivo, chiedere in generale cosa stesse succedendo, non mi era concesso chiedere conto di particolari così specifici e delicati. Perché questo ingenerava dei sospetti nel mio interlocutori, sospetti che per me potevano avere gravi conseguenze.

Infine dal verbale del 12.6.2006 : "... RISPOSTA ciò che voglio precisare è quanto da me appreso sia dal CIPOLLETTA Salvatore, da CAIAZZA Ciro e dal figlio di questi CAIAZZA Antonio circa la possibilità lasciata agli Scissionisti, nonostante la tregua in corso con gli affiliati al clan Di Lauro, di potere compiere delle vendette allorquando venivano identificati gli autori di omicidi commessi nel corso della faida da appartenenti al clan Di Lauro e che avevano avuto come vittime delle persone non affiliate al clan degli Scissionisti ma scelte unicamente perché parenti o comunque soggetti affettivamente vicini ad affiliati del detto clan degli Scissionisti. Per fare un esempio vi è l'omicidio del parente di Giacomino 'a Femminella che ricordo aveva un autosalone sulla circumvallazione di Mugnano che è stato ucciso dal clan Di Lauro solo perché era parente del detto Giacomino non essendo il giovane affiliato al nostro clan o coinvolto in alcuna attività illecita. Ricordo che l'occasione in cui io ebbi tali informazioni fu data da un fatto che avvenne nel settembre del 2005, quando io da poco da Mugnano ero passato a vivere presso la roccaforte degli Scissionisti in Via Cicerone di Melito. Quel giorno io vidi che improvvisamente presso il quartier generale si radunava il gruppo di fuoco del CIPOLLETTA composto dalle solite persone che io ho già avuto modo di indicare nei precedenti interrogatori e che sono oltre al CIPOLLETTA Salvatore, CAIAZZA Ciro. CAIAZZA Antonio, Davide, Daniele, Franco sparami in petto. Dopo che si radunarono presero armi e macchine ed uscirono quando poco dopo rientrarono io ero presente alla conversazione che si svolgeva nel bar sotto il palazzo di CAIAZZA Ciro. Tale conversazione aveva ad oggetto il mancato ritrovamento di una persona appartenente al clan Di

Lauro che doveva essere uccisa proprio perché aveva commesso un omicidio di una persona legata solo da vincoli affettivi o familiari ad uno di noi scissionisti. Il gruppo di fuoco in particolare il CIPOLLETTA ed il CAIAZZA Ciro si rammaricavano di non averla trovata nonostante l'informazione specifica che questa persona era rientrata nella roccaforte dei i Lauro ossia la zona cosiddetta "in mezzo all'arco". Difatti tale circostanza era stata loro riferita da persona a noi vicina che abitava in quella zona. Io non capii perché non fu detto esplicitamente ne io mi potevo permettere di chiedere chi fosse la persona da ammazzare o la vittima per la quale doveva essere ammazzata. Successivamente quando mi trovai a parlare da solo con CAIAZZA Antonio lui mi spiegò questa particolare condizione della tregua dicendomi proprio che grazie a queste persone che simpatizzavano per noi e che pure abitavano in mezzo all'arco di Secondigliano noi potevamo sapere quando, alcuni killer dei gruppi di fuoco del clan Di Lauro che dopo aver commesso i fatti di sangue si erano allontanati dalla zona, sarebbero rientrati. In base a tale notizia noi ci saremmo mossi per ucciderli nonostante la tregua, come era capitato nell'occasione che poc'anzi ho riferito…".

Sempre nel medesimo verbale il collaboratore introduce e specifica il rapporto di alleanza con altri gruppi camorristici di Secondigliano e del quartiere Sanità :"… DOMANDA per quanto a sua conoscenza la droga che AMATO fa venire in Italia è solo diretta agli scissionisti o serve a fornire altri clan. RISPOSTA la droga arriva a noi Scissionisti e poi in parte viene trattenuta per essere gestita direttamente dal clan e per un'altra parte serve anche a rifornire altri clan della zona che ce lo richiedono come "I Capitoni" ossia il clan LO RUSSO ed il clan LICCIARDI. So anche che abbiamo fornito droga a TORINO Salvatore della Sanità e che persone, da noi conosciute come gente del Parco Verde di Caivano, erano venute a comprare la droga da noi. Queste cose le ho sapute perché me le hanno dette sia i CAIAZZA Ciro e Antimonio che lo stesso CIPOLLETTA. Ricordo poi in particolare una volta in cui commisi un errore circa il tipo di sostanza stupefacente nel senso che CAIAZZA Ciro mi chiese di preparare 3 chili di cocaina da consegnare al figlio Antonio. Io per errore presi dell'erba ossia della Marijuana pressata e che poteva sembrare cocaina al posto della cocaina stessa. Perciò il CAIAZZA Ciro venne da me e mi disse che gli avevo fatto fare una brutta figura con I CAPITONI perché quella cocaina doveva esser venduta a loro…".

www.ingramcontent.com/pod-product-compliance
Lightning Source LLC
Chambersburg PA
CBHW051217250726
48655CB00006B/2456